元レスキュー隊員がみた

最近の労災事故

事例から学ぶヒューマンエラーの予防策

藤田 英男 著

労働新聞社

はじめに

この度、長年に及ぶ安全管理関連の仕事でメモしてあったものを整理、そして、いつも手元において安全確認に重宝している労働新聞社の『安全法令ダイジェスト』を参考に、最近の日々のニュースの中で、大小様々な「労災事故、災害」を分析してみました。

労災事故、交通事故、家庭内事故など様々な事故に遭うのは、それぞれ色々な事由でそうなったかもしれませんが、本書を読むことで普段の安全思考がそれでよかったのかを思い直す機会になれば幸いです。

筆者も、日常で手を抜いた自身の不安全行動を思い出すことがあります。誰でも近道思考があると思います。そして人間である以上「ヒューマンエラー」も絶対ないとはいい切れません。しかし時には「そうか、こんなことなのか」に触れてみるのもよいのではないでしょうか。

ピックアップしたこれらの事故について、「こんなこと」を誰にでもわかっていただけるよう、たとえ話を交《まじ》え、簡単な説明を心掛けた1冊としてまとめてみました。

何も大きな事故だけが大変なわけではありません。小さな事故でも、潜在している危険性を掘り起こして大事故につながらないよう「こんなこと」を見極めることが大切なことだと思います。難しい原因や、誰も防ぐことができないような原因で事故が起こることは滅多にありません。一般的には、

・「ほんの…」
・「あのときは…」
・「少し過酷で…」

です。しかし、もっと深くには「こんなこと」が潜んでいることがあります。それぞれの立場で拾ってください。

働く現場で絶対にあってはならないことは
「愛する家族を、
大切な人を悲しませること」

目次

1 高所からの転落事故（死亡）

埼玉県のマンションで、4階の出窓の雨漏り補修作業をしていた高齢の建設作業員が転落し、搬送先の病院で死亡が確認された。
警察の発表によると、作業員は5階建てマンションの屋上から「縄はしご」を垂らし、1人で作業をしていた。

昨今作業員の高齢化が進んでいます。高齢者の定義はいろいろありますが、一般的には65歳以上でしょう。

筆者が「職長教育」に使う、中央労働災害防止協会の『職長の安全衛生テキスト』に興味深い資料が載っています。「向老者の心身機能の特性」と題する、筆者（73歳）としても耳が痛いデータです。

20～24歳を基準とした身体各種機能の相対関係です。

① 聴力………………　44％

② 平衡感覚……… 48％
③ 運動調整機能… 59％
④ 皮膚感覚……… 35％

中でも、皮膚感覚の35％に注目したいと思います。皮膚感覚は事故災害にとても深い関係があるのです。例えば、

・何か物が倒れてくる…
・何か落ちてくる…
・何かが向かってくる…

そんな時、皮膚がサメ肌になることがあります。微妙な風、振動なのかよくわかりませんがとにかく皮膚に何かを感じることがあります。昆虫でいえば「触覚」でしょうか？ 人間が原始生物の時代の遥《はる》か昔、脳が発達する前に皮膚で周囲の危険を感じていたともいわれています。単なる皮でなく音をも感じるという実験結果もあるそうです。その感覚が3分の1に低下しているのです。

例えば、私事ではありますが「口元にご飯粒」がついていても知らん顔して食事をしていて、「お父さん、また口もとにご飯粒つけて…」と妻にいわれている現状、これなのです。

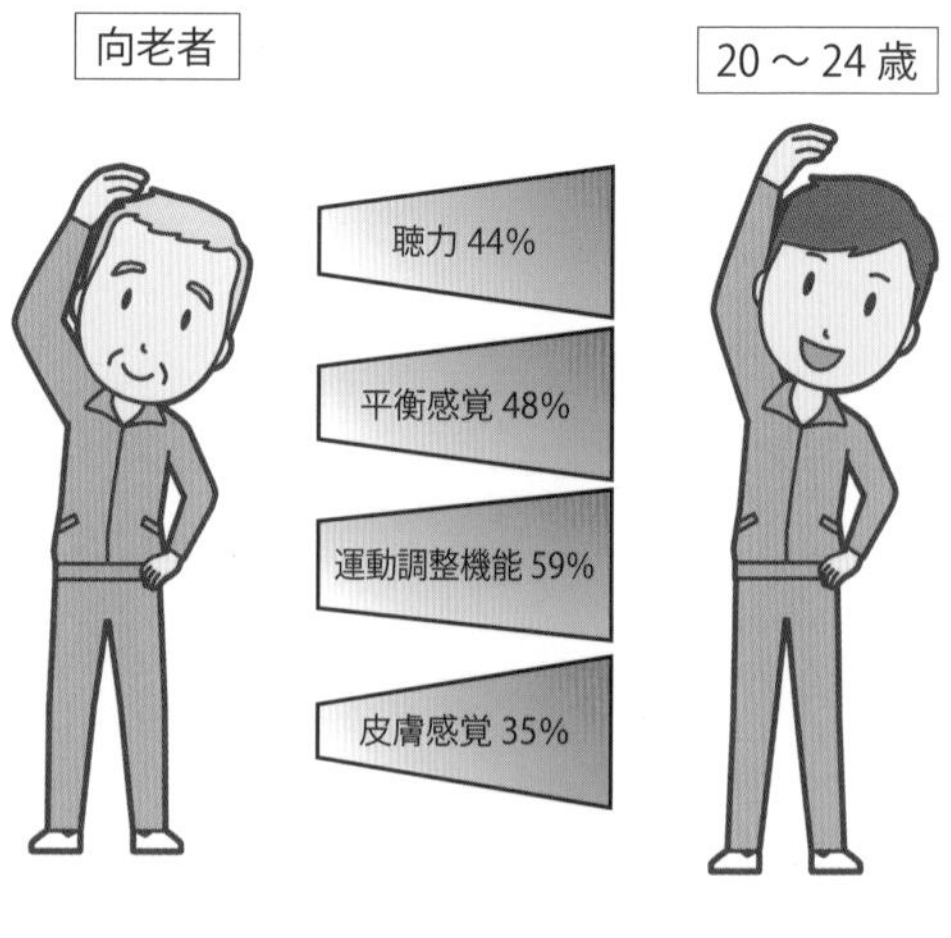

次に聴力44％。だいたい年をとるに従い耳が遠くなるのはよくあります。危険察知は音が大切です。異常音、例えばロープが切れそうな音、何か外れそうな音、誰か叫んでいる音を聞き逃したら危険です。

次に平衡感覚です。食事の時、味噌汁の入ったお椀を持って自分では水平を保っているつもりが、少し傾いて汁をこぼす、などが典型例でしょう。平衡感覚も事故防止では必要条件です。

これらのどれを見ても、高齢者の高所作業はより危険を伴うことがわかります。年齢とともに適材適所の仕事を配慮すべきでしょう。職長の責務の一つである「適正配置」が重要です。それから1人作業はいけません。何かあっても助けを呼ぶことができません。仲間に助けに来てもらうことができません。

高所からの転落事故が後を絶たないのはなぜでしょうか？　一般的に考えると「物理的に重量のあるものは落ちる」ので何か支えが必要になります。手すりの頑丈な足場や墜落防止ネットなどが張れたらいいのですが、工事の大小、場所の制約、費用の面などなかなか現実はそうはいきません。ちょっとした改修などははしごや脚立だけで済ませてしまうこともあるため、このような低所からの墜落・転落事故も後を絶ちません。そうした事故を防ぐためにも、最も基本的な事項はやはり安全帯です。よく現場でいわれることは「ここは安全帯をかけるところがない」。つまりかけたくてもフックを引っかける部分が見当たらないということです。なければ作りましょう。少し手間をかけて安全な引っかかりを作ればいいのです（詳しくは事項「2　脚立からの転落事故（死亡）」）。それにはロープでの「もやい結び」が有効です。そのロープに「コブ結び」があれば完璧です。写真をご覧ください。まず結束は「もやい」。切れるまで緩むことはありません。

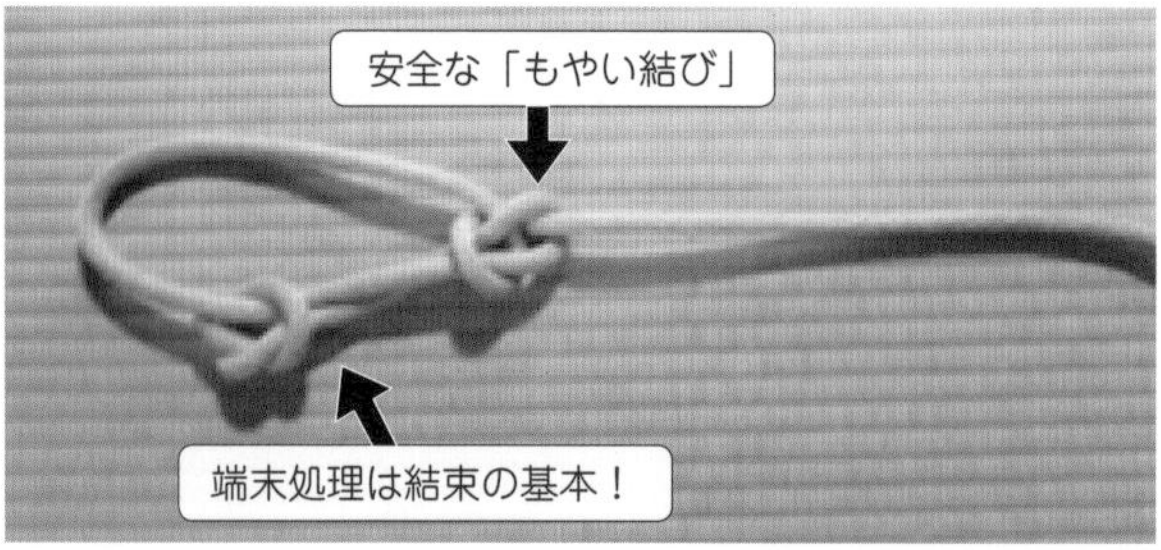

安全な「もやい結び」
端末処理は結束の基本！

コブは、巻き結びの応用で簡単に作れます。文章では表現し

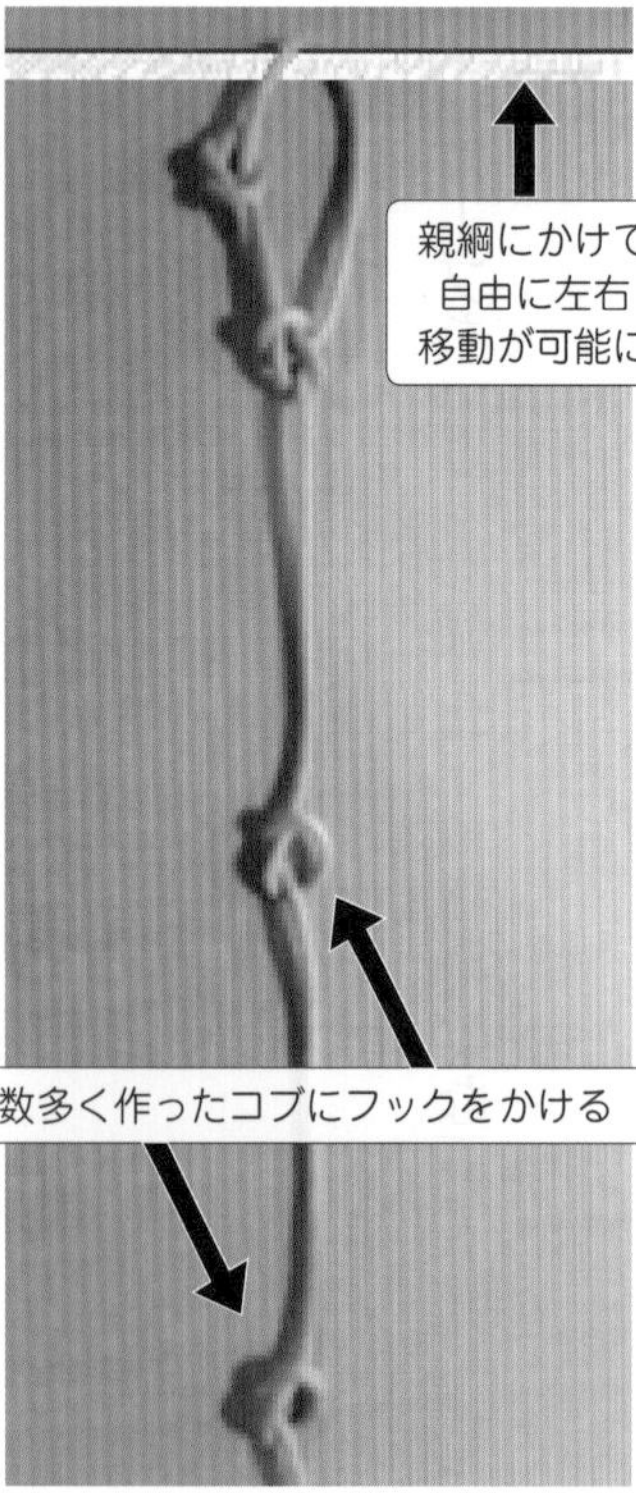

親綱にかけて
自由に左右
移動が可能に
数多く作ったコブにフックをかける

にくいですがインターネットなどに動画が多くありますので、繰り返し見て参考にしてください。

この、コブ部分にフルハーネス安全帯のフックをかけておけば、万一の失敗でも地上まで転落することはありません。このような「親綱の作り方」を覚えて、うまくかけるところがない現場ではぜひ応用してほしいと思います。

どんな作業現場でも、2～3ｍ、20～30ｍ位のロープを数本ずつ備えておくと色々な面で役立ちますので是非忘れないようにしていただきたいと思います。


筆者がいつもお願いしている現場の常備品は、「各種ロープ」です。そして救急箱への「三角巾」「滅菌ガーゼ」「消毒液」です。現場の救急箱を見てください。何が入っていますか？　胃腸薬、風邪薬、正露丸などが多いです。そんなものは家で飲んでください。命を守るものが最優先です。

2 脚立からの転落事故（死亡）

新潟県で建築作業員（51歳）が木造家屋の外壁補修中に高さ3ｍの脚立（①）から転落、死亡。現場では、脚立は、2台連結（②）、足場板を天板に載せて（②）、しかも固定（③）もしていなかったということ。そして安全帯（④）、保安帽（⑤）の着用もなかったとの情報。

高いところよりも、このような数ｍの高さからの転落が多いのです。

①～⑤は次のようにお願いします。次ページのイラスト（脚立足場の構成例）をみてください。現在はこのように法改正されています。

それでは番号順に見ていきましょう。

①　脚立足場は高さ２ｍ未満。これ以上は原則として足場設置。

②　最低３台必要。足場板は天板設置ダメ。１段下に通す。

③　足場板は各所すべて固定する。

④　２ｍ以上で転落墜落の恐れがあるところは、安全帯を結着。

⑤　どんな作業でも保安帽着用。

大規模の外壁工事などは当然足場があります。しかし、些細《ささい》な工事の場合にはこのような脚立やはしごがよく使われます。

「外壁には安全帯をかけるところがない」といつもいわれます。はしごなどはもやいを利用して安全帯をかける部分を工夫してほしいのです。なお多段はしご

脚立足場の構成例（高さ 2.0 ｍ未満）

- ◆ 標準足場板は３点支持とし、両端を脚立に固定する
- ◆ 標準足場板を２枚重ねて使用する場合は、２点支持以上でも可とし、両端を脚立に固定する
- ◆ 突出部上での作業は禁止する

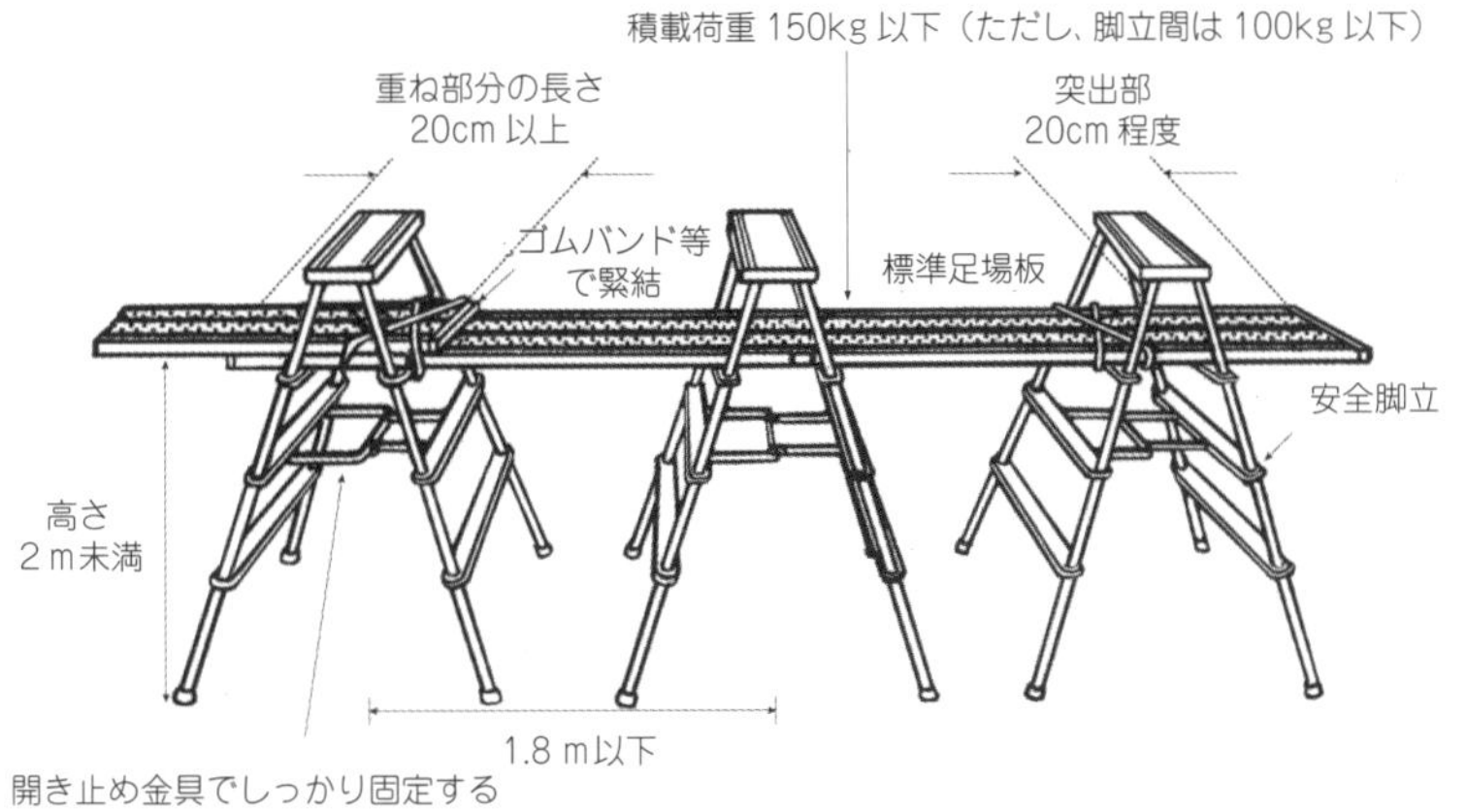

はキャッチの確認を忘れないように。

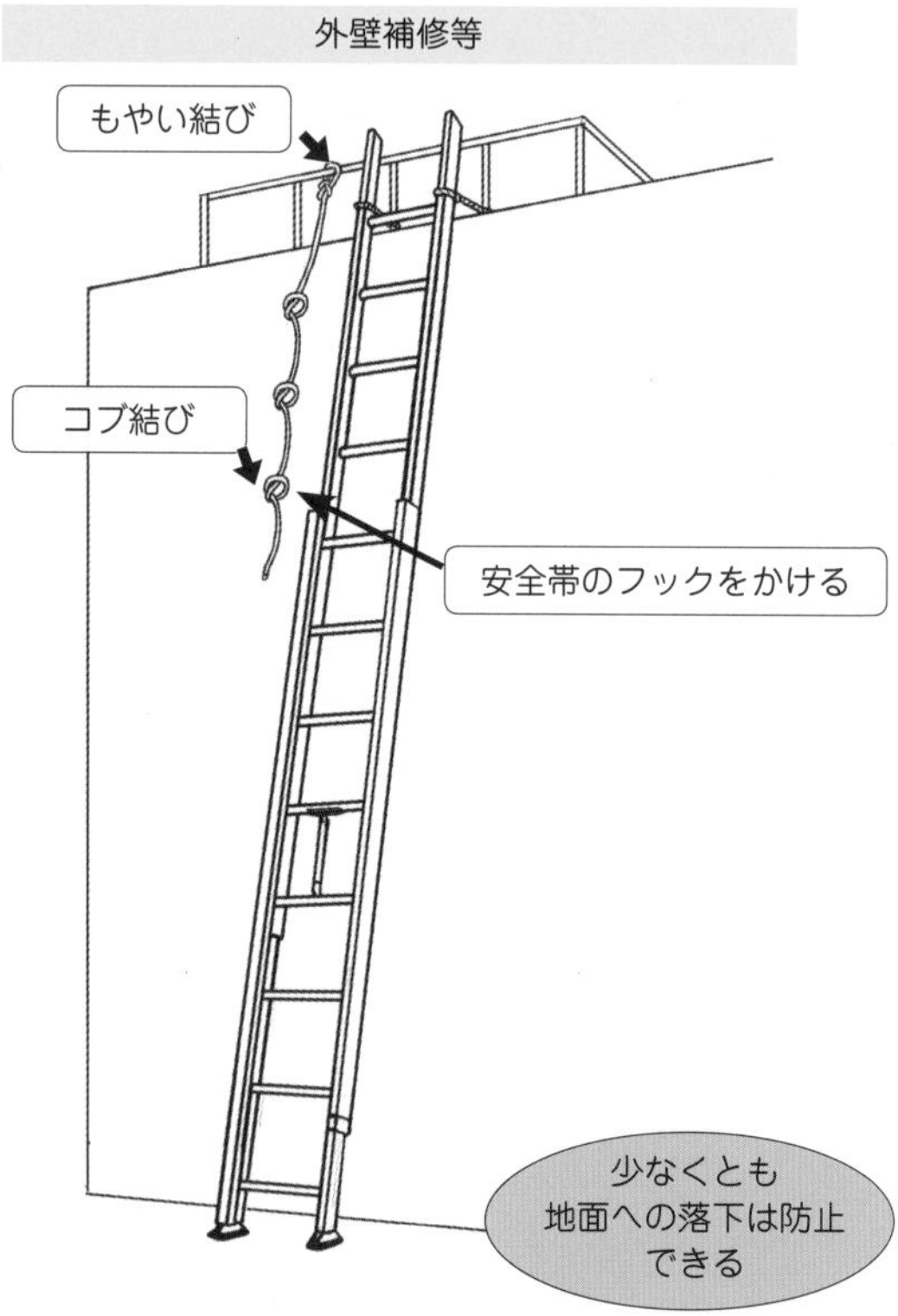

簡単そうな作業の場合時々省《はぶ》かれていることがありますが、保安帽は頭部を守る大切な保護具です。しかし、頭部全体の保護ができているわけではありません。実は「後頭部」（ぼんのくぼ）や「側頭部」（耳のあたり）は保護できないことがあります。特に鉄筋、単管など固いものにぶつかったときは危

険です。後頭部と左右の側頭部（↓）の奥には「小脳」があって、ここに強力なダメージを受けると運動調節機能がマヒして仕事ができなくなり、ひどい場合は死にも至ります。頭部全体の保護はフルフェイスヘルメットということになりますが、建設作業では無理でしょう。一般的な保安帽は頭部全体の保護は「万全ではない」いう意識を持つことが大切です。

以上は、決められていることを守る「手を抜かない習慣」としてもっと周知していかなければならない事項で、教育に携わる者の課題でもあります。

ところで、昔は大工さんは、「ねじりハチマキ」「カケヤを持って」梁《はり》をほいほいと走っていて、まるで忍者みたいでした。それは熟練仕事で「すごいナー」と見ていました。しかし、現在建設業では5m以上の墜落危険個所ではフルハーネス型安全帯が必要になります（平成31年2月1日施行、詳細は厚生労働省ホームページ）。

「こんな『蜘蛛の巣』みたいなもの着ては仕事にならんよ！」とある大工さんのつぶやきを聞いたことがあります。しかし、墜落転落事故が後を絶たない以上、規制が強化されるのはいたしかたない部分でしょう。

また、現在は色々な複雑な構造、要素、そして多種多様な工具、機械が発達したため「楽で便利」になりました。でも、便利の裏に隠れた「危険」を見逃していませんか？

例えば、金槌で釘をカンカンという建築現場は少なくなってきました。「バシッ、バシッ」という鉄砲みたいな釘打ち機（ネイルガン）を使っています。見ていても気持ちの良い作業効率です。

ところが、散らかった現場でネイルガンを持ったまま転び、その拍子に自分の足を撃ったという事故がありました。一応ある程度の力でトリガーをひかないと出ないようになっているのですが、つまずいた拍子に思わず握りしめてしまったのでしょう。ネイルガンは釘が一気に飛び出すので拳銃とかわりません。胸部や腹部に当たれば殺人道具と化します。周囲の整理整頓が事故を一つ減らすことにつながります。特に通路には物を置かないことが鉄則です。

時代の変化とともに、作業の安全思考も変えていかなければなりません。このことを肝に銘じておきたいものです。

なお、足場の組立・解体・変更は、簡単な脚立足場の場合でも「足場組立等の特別教育」の受講が必要です（平成27年7月1日施行）。脚立足場以外に、ローリングタワーでの作業も同様です。

ローリングタワーは本来写真の矢印（⬇）の部分にジャッキベースという「転倒防止の機構」が4カ所にあるはずです。この写真では省かれていてとても危険です。「いちいちジャッキで上げるのが移動の際面倒だ」ということで省くケースがあります。本来の安全機構の部材を絶対に省いてはいけません。このことは案外知られていませんが、キャスターだけでは不安定で事故が多いのです。

今自分のやっている作業にどんな危険があるのかをもう一度「ＫＹ」することが大切です。

なお、はしご、脚立、ローリングタワーなどは便利なのでどこでも使われます。使い方は、労働新聞社の『安全法令ダイジェスト』に詳しく載っています。是非参考にしてもらいたいと思います。

3 重機バケット激突事故（死亡）

新潟県の電気工事業の建設現場。送電線工事で4名が重機搬入路に鉄板を敷く作業から始めていた。敷いた鉄板により段差ができてしまったので、1人の作業員は「バール」（120㎝）で鉄板を動かして段差を無くそうと力を入れたが、なにしろ敷鉄板は重量物。動かないので近くのドラグショベルのオペレーターにバケットの爪で動かすように頼んだ。ドラグショベルのオペレーターからは見えづらいため、合図をしようと旋回範囲内に入って、しかも、イラストのようにバールを持ったままバケットに相対する位置で立っていた。

その時、力のかかっているバケットの爪が鉄板を外れバールにぶつかり、持っていた作業員の胸部に激突した。バケットを避ける間もなく、持っていたバールが作業員の胸の位置を強打して死亡した。

「こけ養生」という言葉をご存じでしょうか？　あまりなじみのない言葉かもしれません。しかし筆者は安全講習でよく使います。

養生という言葉から見てみましょう。工事では「養生テープ」というものをよく使います。作業中に工具などをうっかりぶつけて傷などつかないように、前もってその部分に貼っておくものです。「養生」は本来病気などの養生という意味もありますが、転じて、「何かあったときの手当」という意味で理解してください。

この現場の鉄板敷作業の「ＫＹ」はどのようになされていたのでしょうか？　まず、

① 鉄板は重量物なのでつり上げクランプは異物を挟んでないか、確実な玉掛ができるか点検確認すること
② 下ろしたとき段差ができないように、合図を確実に行うとともに介錯ロープを有効に使うこと
③ 重機作業は原則、旋回範囲に作業員は入らないこと
④ バケットの爪で移動させる場合、特にバケットと相対する位置にいないこと

この④が「ずっこけた時」の『こけ養生』なのです。バケットの爪は鉄、鉄板も鉄（当たり前）、硬いものと硬いものはテンションがかかっている時、外れることが多いのです。油圧は相当な破壊力を持っているので、近くにいた場合は激突して大変な事故になります。

もう一つ例にとりましょう。作業でウインチにより地面上の重量物を引くことがあります（集材作業など）。この時もワイヤーのフックに相対する位置に立ってはいけません。ワイヤーが切れたり、フックが外《はず》れたりなど万一の時があります。そして飛んできたものが激突するのです。フックが飛んできて操作員の肘《ひじ》に激突、開放性複雑骨折や挫滅創の事故もありました。人体の間接部位が挫滅創になるとほぼ正常な回復は困難になってしまいます。頭部や胸部であれば死亡事故につながります。

なお、足場上などの高所で全身の力を入れる作業も危険です。手すりがしっかりとある正規な足場上は一応安全帯の義務はありませんが、万一「ずっこけた時」、退避場所があるのか、無ければ安全帯結着など、状況に応じて念を入れなければなりません。

人間でも、重機でも、力の入る作業は全て「こけ養生」を考えておく「ＫＹ」が大切です。これは「職長の責務」の一つでもあると思います。

4 ドラム缶破裂事故（死亡）

自動車修理工場でアルバイト従業員（72歳）が倒れているのを、女性従業員が見つけて消防へ通報した。病院へ運ばれたが、顔の骨を折り、外傷性くも膜下出血のため、まもなく死亡した。作業員は1人でガスバーナーを使ってドラム缶に穴を開ける作業中、ドラム缶が破裂したとみられる。

類似事故は全国であります。このような作業はガス溶接の技能が必要です。溶断の作業は溶接より危険性が伴います。

技能講習ではまず、「アセチレンガスの危険性」と「近くに可燃性蒸気の存在（主に危険物のガソリン、灯油、軽油など）がないか」について講義があります。吹管という火口から出る高温の火炎が、もっとも引火させやすいからです。特にドラム缶、塗装に使われるシンナー類の空き缶は要注意です。爆弾と同じくらいの破壊力

があり、小さな建物なら木っ端みじんに吹き飛ぶのです。

ドラム缶には危険物が入っていた、という予想をしなければなりません。たとえ中身が空っぽの容器であっても可燃性ガスが充満していると考えるのです。まずはこのガスを追い出さなければなりません。どうやって？

それは、蓋《ふた》と排圧栓を外し、水を入れてやればいいのです。水で満杯にすれば中のガスは全て追い出されます。水を入れると熱せられて出る水蒸気での火傷《やけど》に気をつけなければなりませんが、爆発の危険性はありません。なお、入れた水は廃棄物としての処理も必要になります。油まみれそのままで側溝などに流してはいけません。ガソリンスタンドなどが「雑廃油」として有料で受け取ってくれますので利用してください。

閉鎖的空間の可燃性ガスを侮ってはいけません。ガソリンの携行缶なども同じ注意が必要です。注いだ後、空になったと安易に発電機のマフラー付近に置いて爆発した例もあります。

要するに「爆弾と同じもの」として考え、慎重な作業をお願いします。

5 危険物爆発事故（死亡）

兵庫県の繊維メーカーで爆発音がしてけが人が出ていると同社の男性社員から119番があった。工場内で社員の男性（53歳）が背中に火傷を負うなどして倒れており、その後死亡した。警察や消防本部によると、同工場は鉄筋コンクリート4階建て。男性は当時、1人で2階に設置されているタンクの解体作業中だった。電動のこぎりで配管を切断する際、爆発が起きたとみられる。

タンクには、有毒で引火しやすい二硫化炭素が入っていた可能性があるが、約10年間未使用だったため、入っていない前提で作業していたという。

音を聞いて現場に駆けつけた別の男性社員（34歳）も、喉に痛みを訴えて搬送されたが、軽傷のもよう。

二硫化炭素という、「厄介な危険物」の怖さはあまり知られていません。

この事故は、繊維製造時などの溶剤として利用されている二硫化炭素の入っていたタンクを切断解体しようとして起きたということですが、それは大変危険です。長年使っていないタンクとはいえ中に可燃性ガスが充満している場合が多いのです。二硫化炭素は消防法でいう「危険物第4類特殊引火物」に指定されています。引火点マイナス30℃で、発火点が90～100℃と低く、燃焼範囲（消防法令上）が1.3～50％と広範囲でガソリンの比ではないのです。危険物取扱者という資格がないと取扱いができないものです。特殊引火物という危険性を十分に承知していないと何が起こるかわかりません。

また、解体作業員は「電動のこぎり」で切断したとありますが、これは高温火花の塊です。電動のこぎりで配管を切るときの熱は数百度に達することもあります。つまり爆弾をのこぎりで切ったのと同じ状況になります。配管の閉鎖的構成材質の強度があればあるほど、爆発強度は大きく被害が広範囲に及びます。

工事が始まる前に職長は作業員にキチンと危険性を伝達しておかなければならないのです。加えて工具の取扱いの未熟さも加わっていたものと思われます。まとめてみると、

① 「ＫＹ」の問題（現場を見て危険性を掘り起こす）
② 工具の取扱いの問題（使用工具の特別教育）

③　資格の問題（甲種危険物または乙種第４類危険物取扱者）
④　可燃性蒸気排除工程の問題（一般的には水を入れて排除）
⑤　社内の危険物施設担当者（危険物施設、休止、廃止など法的規制の理解および手続）

など多くの不安全要素が重なっています。どれか一つ欠けても重大事故につながります。「教育と指示伝達不良」（ホウ、レン、ソウ不足）の非常に残念な事故です。土木関連業者、特に解体工事作業者への、消防法でいう危険物がらみ事故防止の安全教育の必要性を強く感じました。

6 油に水をかけた火災事故（けが人なし）

札幌市のラーメン店で鍋に火が入って火災発生。出火当時、店では従業員が鍋に入れたラードを火にかけていて、トイレに行っている間にラードに引火した。

火を消そうとコップ1杯ほどの水をかけたが消えなかったため、別の従業員がさらに大量の水をかけたところ、火が飛び散って燃え広がったことがわかった。幸い従業員にけがはなかった。

「水と油」ということわざをご存知だと思います。二つは混じることはありません。しかも比重の軽い油、つまり火のついている油は水の上になってしまいます。鍋からこぼれ落ちたら当然火のついた油が拡散することになります。あたり一面火の海となるのです。

ところで火を消すということを考える前に、なぜ「物が燃えるのか」をみてみましょう。

中学校の理科であったと思います。まず、

① 燃えるもの（この場合はラード）

② 熱源（この場合はコンロの火）

③ 酸素（空気中の酸素）

これが燃焼の三要素です。この三つがあって、さらに可燃性の蒸気に着火して酸素の連続した供給があった時、燃焼が継続するのを思い出してください。

火災とは「急激な発熱を伴い、継続した酸素の供給がある、大規模な酸化反応」なのです。

ここでちょっと、コーヒーブレイク。

筆者が消防本部勤務時代、こんな１１９番通報がありました。

「ビー、ビー、ビー」ファイヤー着信。通信指令室の当番であった筆者は、

「はい、こちらは消防本部です。火災ですか？　救急ですか？　場所と状況を的確に…」

「○○町の○○番地です。あのー、てんぷら油が…、えーっと…、急激な発熱を伴う…、えーっと、大規模な…、えーっと、何だったかなー、あっそうだ、継続した酸素の供給がある、発熱を伴う酸化反応をおこしてしまいました」

「了解です。てんぷら火災ですね」

「そのようです」（これって、巷では『馬鹿正直』といいます）

　火災出動指令を出してから、

「消防車は出動しました。落ち着いて次のことをやってください。まずガスの元栓を止めてください。炎は天井まで移っていますか？」

「元栓止めました。火は大きいけどまだ移っていません」

「了解。てんぷら鍋にピッタリ合う蓋はありますか？」

「ありません」

「バスタオルなどありますか？」

「あります」

「水で濡らして、気をつけながらそっと近づいて鍋を隙間なく覆ってください」

「はい、やってみます。…火が消えました」

「あっ、良かったですね。再燃する可能性があるので、新しいてんぷら油を少し注いでください。水はダメですよ」

「はい、やりました」

「よく対応してくださいました。これで安心ですが、今度からは鍋から目を離さないでおいしいてんぷらを揚げてくださいね」

初期消火の奏功例でした。

この消火方法は「窒息消火」といいます。継続した酸素の供給を一時的に絶ったのです。さらに、新しいてんぷら油を追加して可燃性蒸気が出なくなる温度まで下げたのです（冷却消火）。燃焼の三要素のうち、二つを効果的に除去したので燃焼は継続しません。一つでもいいのですが、このようなやり方のほうが確実に消火できます。ものが燃える原理から自ずと消火の理論もわかってくるのです。

事故の例だと、油に「水」を追加したから飛び散って温度が下がらないのです。ラードを追加すればいいのですが、「火に油を注ぐ」は状況によっては危険な場合があるので、窒息させてからの方が安全です。

ここでもう一つ、笑い話のような本当にあった話を…。

「仏壇のろうそく」を消し忘れて、出火したボヤがありました。

現場検証に行くと、幸いにも仏壇の半分が焼け焦げていただけでした。しかし妙なことに火の出た仏壇に大きなマヨネーズが飾ってあるではないですか。そこで、

「お宅の宗派は仏壇にマヨネーズをお供えするのですか？」とおばあさんに聞くと、

「ちがいますよ。テレビで、火事になったらマヨネーズをかければ火が消えるってやってたんです。ちょうど大きな業務用のマヨネーズがあったんでかけてみたけどうまく消えませんでした。何とか水をかけて消したんです」

「あっ、それはねっ、『てんぷら鍋に火が入った時』ですよ」（油冷却消火の一種）

「ああ、そうなんですか…」

「これからは消火器を用意してくださいね」（粉末消火器の場合も窒息消火）

安全管理も、事象を物理的に見てみると、かなり見えてくるものがあります。筆者の各種特別教育では教科書にはない「こんな事例」をよく聞いてもらい、理論的に理解していただくようにわかりやすい説明に努めています。

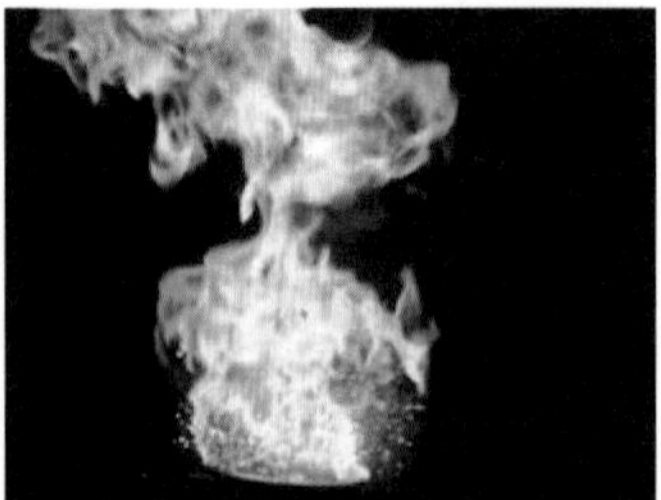

7 重機転落事故（死亡）

横浜市の工事現場で、「重機が穴に落ちたかもしれない」と工事関係者が119番した。重機を操縦していた60歳台の男性と連絡が取れていない。警察、消防は、男性が重機とともに直径約45ｍ、深さ約30ｍの地下タンク跡に転落したとみて捜索を開始。その後、重機に乗ったまま水没している作業員が発見された。

作業員は、タンク跡の脇で重機を使って、別の工事で出た土砂を積み上げる作業をしていた。別の作業員は、重機がなくなっていることに気づいた。発注元によると、タンク跡は、コンクリート製の蓋《ふた》で覆《おお》われていたが、蓋の一部がなくなり、大きな穴が開いていた。蓋は土がかぶさっていたため、タンク跡に気づかなかった可能性があるという。

これは、「作業前のＫＹ」がどのように行われたかが気がかりです。筆者は、職長教育をはじめ各種特別教育で、どんな作業でも「作業前に現場を見てから危険予知を行うように」と念を入れてお願いしています。

まず、工事には必ず作業工程の計画書類があるはずです。

・どこで
・何を使って
・どのような工程で
・何を、どのようにするのか

その中から察知しなければなりません。一部でも欠けていたとしたら危険があると思います。

この計画書の中から、かなりの危険性が見えてくると思いますが、中には見えない部分があるかもしれません。

工事前の打合せで少しでも疑問があれば、発注元や関係者によく問い合わせてみることが大切だと思います。

次に、現場に足を運んで、例えば、

① 立地条件、過去の用途、周囲全体の様子などを確認する

② 近隣関係者や、付近住民の話を参考にする（先取りの安全管理の鉄則）

③ 職長が中心になって、聞き取りや関係者からの情報管理を徹底するを確実にやることが大切です。要するに「作業前のＫＹ」が必要です。

事故防止は、職長を中心とした「先取りの安全管理」が欠かせません。それには、面倒かもしれませんが、現場を見てからの「ＫＹ」が最も有効ですのでやってほしいと思います。

作業前のＫＹ
あそこは
養生する
必要が
あるな！
開口部

8 高所床板踏み抜き転落事故（休業30日）

ある事業所で高さ7mの位置にある面積1m真四角位の踊り場に、機器の点検作業をしようと上ったところ、床が急に抜け落ちて墜落し全身強打、背骨胸骨、腰椎骨折。

原因は、この踊り場は原料ダストが全面に堆積しており、そこへ一気に上ったところ、鉄製床板が全体に腐食していて抜け落ちた。

「半体重」という言葉をご存じでしょうか？　筆者が特別教育でこれもよく使う言葉です。

大人1人の体重を60kg前後とします。薄い鉄板、木材板、また厚いものでも腐食しているような床板に一気に体重をかけたなら、踏み抜くことがあります。そこで半分の体重、いや、それより「足1本」の重さで具合を試したらどうでしょうか？　危険な場合は異音がしたり、揺れたり、何か兆候が見えてくるはずです。このような慎重な移動を「半体重で」といいます。

こんな事故事例があります。
足場組立が終わってすぐ、一気に昇降階段を駆け上がりました。途中まで登ったところ、上部の「階段キャッチ」が外れて昇降階段自体が一気に傾いたのです。手すりを乗り越え転落しました。足場の「階段キャッチ」は外れ止め装置の爪が出ているのですが、うまくかかっていなかったのでしょう。一気に荷重がかかったので外れる方向へ機能したのです。組立後は、半体重で異音や揺れを感じながら安全確認をしてください。

似たような言葉に、「インチング」というのがあります。日本語では「寸動」が当てはまります。「少しずつ」とか、「徐々に」とかいう意味です。これも安全用語なので筆者はよく使います。クレーンの操作、高所作業車、フォークリフトの動作など、インチングした方が安全です。機械のためには多用はよくないといわれますが、始動時には安全の方が優先だと思います。

この事故の再発防止対策は、結論として「半体重、インチング」の「KY」がきちんとされていれば良かったのです。むろん、腐食個所の定期交換やダストの堆積は不安全要素ですが、直接原因ではありません。やはり、危険予知の勉強、訓練（KYT）が先取りの安全管理で重要なのです。

この先取りの安全管理は色々な現場での災害防止の大きな要と認識しています。危険予知訓練（ＫＹＴ）には様々な参考資料がありますが、労働新聞社の『マンガで学ぶ実例危険予知訓練』や中央労働災害防止協会の『職長の安全衛生テキスト』は、この「先取りの安全管理」のことがわかりやすく解説されていますので参考になります。

石橋を叩いて渡るほどの慎重さを

9 クレーンによる高圧電線断線事故（けが人なし）

「信号機が故障しているかもしれない」と通行人から警察に通報。付近の工事現場でクレーンが建築資材を引き上げようとしたところ高圧線に引っかかり断線、周辺の信号機の他、住宅など約110戸が停電。幸いけが人はなく、一般住宅地なので停電被害もごくわずかであった。

この事故はけが人もなく停電だけで済みましたが、高圧電線の様々な危険性をまず知っておきましょう。

市街地では電線は地中埋設化が進んでいますが、まだまだ電柱架設が主流です。高いところなので案外気づかないかもしれませんが、電柱の高さは一般的に12ｍくらいあります。その一番上に太い3本の電線がありこれが高圧線、6600ボルトと非常に危険なので一番高い位置にあります（送電線などを除く）。その下に変圧器があって低圧（200ボルト等）に変換して一般家庭、信号機などに

供給されています。一般家庭には単相3線200ボルトで入って、中性線アースでさらに100ボルトに分岐されコンセントなどにつながっています。
この事故は人的被害がなかったのですが、例えば近くに工場があったり病院があったりしたらどうでしょうか？　停電といえども大変な被害が発生します。特に病院などは、非常電源を具備しているとはいえ商用電源が長時間供給されないと、手術などに非常に大きな影響がでます。

またこんな事例がありました。
大きな部品製造工場の近くで、クラムシェル（主に深い穴掘り重機）作業を終え、うっかりブームを上げたまま移動したところ、ブームが高圧線に接触し、ものすごい火花とともに切断しました。鉄キャタピラーの重機は接地面積が広く、しかも鉄板に乗っていたので通電回路からみれば「良好な電路」なのです。たまたま運転者は絶縁物のみを触っており、運良く感電を免れたのですが、もし金属部分に触っていたらキャビン内で焼き鳥になっていたでしょう。

この事故では付近一帯が停電して、大きな工場も停電。ベルトコンベアーが動かず生産停止してしまいました。高圧線復旧に時間がかかり、ほぼ1日工場が動かず莫大な損害が発生したのです。しかもその部品は取り急ぎ納品しなければならないものだったので、供給先の工場も停止したのです。全体の被害額は想像を絶する額となってしまいました。工事請負会社は、たった1本の高圧線を切っただけで、損害賠償は無論、会社の安全管理不備により社会的評価は地に落ちたのです。

高圧線付近での工事は、

① 現場を見てから、「KY」をいつもより念入りに
② 常時、見張り役をつける
③ 重機作業員に移動の際のブーム収納規則を守らせ、自分の目で確認させる
④ 電力会社へプロテクターの覆いを依頼する（切断前の感電防止）

このような事故以外にも、高い足場上などの作業で、単管など長尺物を振り回すとき、うっかりすると高圧線に触れる可能性があります。実際に事故も起きています。前後左右は当たり前に見るのですが、上部は確認不足が多いようです。感電防止プロテクターは、場所によって有料無料がありますが頼めば取り付けてもらえますので電力会社へ相談しましょう。

アームが長いので注意が必要
HITACHI

10 低圧電気感電事故（死亡）

富山市で配線工事をしていた会社員（34歳）が天井裏で倒れているのが見つかり病院に運ばれたが、およそ1時間半後に死亡が確認された。死因は感電。

調べによると、新築中のショールームの配線工事を請け負っていて、天井裏で1人で作業していたということ。

新築中のショールームの配線工事ということであれば、１００ボルトまたは２００ボルトです。一般的に低圧電気とよばれ、あまり危険性を意識しないのが現状のようです。しかしこのように死亡事故は発生しています。メイン電源を切断しておけば一番いいのですが、できないときは慎重になってください。

「感電事故」は「電圧」ではないのです。人体をどれだけ電気が通過したかの「電流」なのです。そして、何より「アース」が大切なのです。このことは筆者の『元レスキュー隊員がみた事故災害から考える職長の安全な職場づくり』（労働新聞社刊）という黄色い本に書いているので、そちらをご覧いただきたいと思いますが、ここでは、改めてポイントだけを見てみましょう。

人体はある程度の高い抵抗値を持っています。しかし、いくら100ボルトでも、体が濡れていて足手が金属に触っていたら、結果として低い抵抗値となってしまい多くの電流が流れるのです。特に、「手から感電してもう一方の手から抜ける」のが危険です。手から手の通路には心臓があって電流の主たる通過域になると細動という現象が起きてしまいます。工具を使いながらもう一方の手で金属部を触らないのが安全です。それともう一つ、抵抗が一定であれば電圧が高いほど電流は多く流れます。これも危険要因です。

この事故の場合を考えてみます。

天井裏は暗くてよく見えません。そして、天井をサポートするつり金具やチャンネルと呼ばれる金属構造部もあります。狭

い場所で汗をかいていてこれらに触っていたとしたらとても危険です。つまり、体の抵抗値が下がれば下がるほど電流が多く流れます。電流は電圧を抵抗で除した値なのです（オームの法則）。金属部を通じて人体がアース経路となることがあります。心臓に多くの電流（0・02アンペア位）が流れると心室細動と呼ばれる現象で脳の血流が途絶え気を失います。その時、異常に気づき誰か助けてくれる人がいればまだいいのですが、1人作業はそのまま細動が続き死に至るのです。

① 天井裏は十分な照明をして、充電部に触らないよう見極める
② 濡れた体で金属部分には接触しない（特に夏場は注意）
③ 1人作業はしない
④ 低圧電気の工事であっても、メイン電源オフが原則

自分がオフにしても、他の誰かが入れることがあるので、必ず「工事中、触るな」という札をぶら下げておくのが一層の安全管理です。

少なくともこのポイントは守っていただきたいと思います。

11 回転工具頸部切創事故（死亡）

店舗敷地内で、土木作業員の男性（45歳）が首から血を流してしゃがみ込んでいるのを別の男性作業員（44歳）が見つけ、119番した。男性は搬送先の病院で死亡が確認された。警察によると、男性は改装作業のために、エンジンカッターを使ってコンクリート管を切断していたという。

高速で回転するエンジンカッターは回転切削工具の中でも危険な部類の機械工具です。この事故の場合、コンクリート管切断で作業者が砥石を装着したとしたら「研削砥石の安全作業」という特別教育が必要です。一応、砥石の交換者のみが特別教育の対象者ですが、筆者の講習では使用者全員に受講をお願いしています。なぜ回転切削工具が危険なのか詳しく見ていきましょう。触ると手足が切れる等という単純なことではありませんのでよく理解してください。

①胸より上の位置で使っては危険（作業床を上げて胸より下で）
②１分間は空運転（砥石を交換したときは３分間以上）、ゴーグルを使う
③研削砥石の特別教育を受講する
④切傷防止保護具を使い、１人作業はしない（この事故は近くの作業員が早く止血したら助かったかも？）
⑤砥石の「腹」は使ってはいけない（写真矢印）

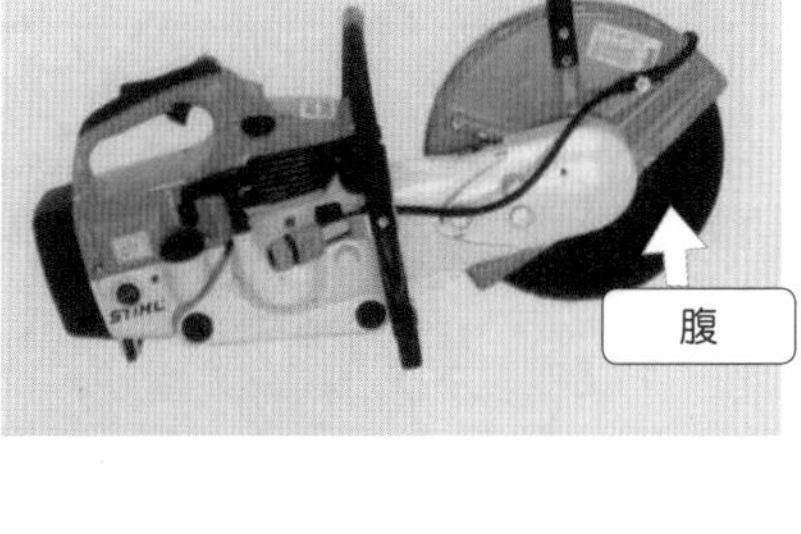

この５点は最低守らなければなりません。

まず、①から見ていきましょう。回転切削工具で一番危険なことは「キックバック」です。歯が高速で回転しながら跳ね返る現象で、回転工具には多かれ少なかれこれはつきものです。とくにエンジンカッターやディスクグラインダーで起きやすいのです。この事故も例外ではなかったと思います。両手でのしっかりした確保が必要です。

胸より上で使用中にキックバックが起きた時、人間は本能的に顔を左右にそむけます。ということは頸部にあたることが多いのです。頸動脈を切ったのかもしれません。頸動脈は止血が非常に困難です。手足のように止血帯をかけることができません。プロの救助隊員でもなかなかうまくいきません。

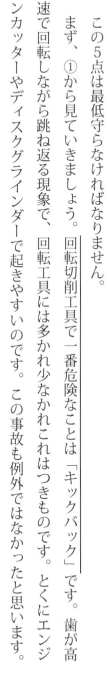

大量に吹き出す血液はヌルヌルになって困難ですが、できるだけ出る量を抑えなければなりません。死に直結の緊急事態です。万一の時に備えて、止血法を体で覚えてもらうように願っています。現場で実際にやれるか疑問もありますが、救急救助隊員が到着するまである程度の時間を要します。誰かがやらなければなりません。このことを肝に銘じていただきたいと思います。

②はどうでしょうか。回転切削工具は高速回転で切れ味が良い工具なのです。万一砥石にひびや傷があって割れたら、高速回転の遠心力で広く飛び散ります。想像を絶する飛び散り方です。破片が目に入り、もし角膜を穿孔《せんこう》して、奥にある脳に達したらこれも死亡事故です。作業には必ずゴーグルをして欲しいのです。しかし「曇るから使いづらい」という話を多く聞きます。曇り止め性能の良いものが市販されていますので、多少高価でも曇らないものを選んで使ってください。目は見えているのが当たり前ではなく、ありがたいという気持ちが大切だと思います。

次は③の特別教育の必要性です。研削作業は法的にも危険作業の部類となっています。必ず受講してから使用するようにしましょう。誰でも気軽に使っていますが、数多くある危険性を知って確実に守ってほしいと思います。出血多量等の万一の事故対応ができるかできないかで救命につながるので意識を高めていただきたいのです。

そして④は、1人作業の件です。この事故も1人での作業のようです。遠く離れていた作業員が見つけた時は、既に瀕死の状態のようです。もう少し早く見つけて止血をしてやればまた違っていたかもしれません。どんな作業でも、特に「回転切削工具」を使うのは、1人作業ではやはり危険が伴います。

一般的に1人作業はダメとされていますが、なかなか現実はそうはいかない状況があるのも事実です。そんな時は、「自分は今1人作業だ。大変危険なことをしているのだ」という認識・意識を持ってほしいと思います。

最後に⑤砥石の腹とは、「円周の内側の平らな部分」です。ここでものを削ってはいけません。砥石が傷ついて割れやすくなり危険なのです。使って良いのは先端部だけです。超高速回転の砥石が割れたら広範囲に飛散します。目に当たったら大変な事故になりますので②で説明したゴーグルが必要です。ヘルメットに付属のフェイスシールドは顔全体を覆っているようですが、砥石破損の際の広範囲に飛散する防御にはあまり効果がありません。それほど危険だということになります。

12

伐採作業事故（死亡）

岩手県の山林で、伐採作業をしていた20歳台の女性が斜面の下で倒れているのが見つかり、その後、死亡した。警察は女性が斜面から転落して死亡したとみて調べている。女性が斜面の下で倒れているのを、一緒に作業していた知人が発見した。病院に運ばれたが、およそ6時間半後に死亡が確認された。死因は脳挫傷。

報道内容からは伐採した木にはねられたのか、自分で足が滑ったのか判断できませんが、異常があったときは必ず何か物音がするはずです。2人でやっていたとしたら時々声がけが必要です。転落の音や気配が感じられない状態というのは、お互い離れていて1人作業に近い状態ではなかったのでしょうか。

❶伐木にはねられたとしたら

「コケ養生はしていたのか?」というところです。

思わぬ方向へ倒れたら、自分の逃げ場所を確保してあるのか?

逃げる際、つまずかないように下草は刈ってあるのか?

ＫＹが重要です。

❷チェーンソーの特別教育と補講の受講は?

最近の法改正で、現在有資格者であっても補講を受講しなければ業務に就くことはできなくなりました(平成31年2月施行)。

伐木は色々な状況があって現場の危険を見る経験や勘が大切です。回転切削工具の中で最も危険なものは「チェーンソー」です。この事故は脳挫傷ということでチェーンソーでの切創事故ではありませんが、必ず受講してほしいと思います。

❸作業支度、履物はどうか?

伐採作業のうち、特に山の斜面は濡れていると滑りやすいものです。必ず滑り止め付きの安全靴が必要です。

作業支度ですが、回転工具は「袖《そで》締り、すそ締り」が大切です。お百姓（農業）さんが使う「手覆い」「地下足袋」「脚絆」（写真）がそれにあたります。

特に足回りがきちんとしていないとつまずいたり、ものに引っかかったりでろくなことはありません。

お百姓さんは長い歴史の中で「安全な方法」を自然のうちに取り込んでいたのです。筆者も30年前は大百姓をやっていました。現在でも少しやっています。ロープの使い方、スコップの使い方、カケヤの使い方、トラックへの荷縛り等などできなければ仕事になりませんので、自然と覚えるようになります。農業での経験は建設業にもとても役立つことになります。

13 落雷事故（軽傷）

函館港にある造船所で、「雷が落ちてけが人が出ている」と、社員から消防に通報があり、40歳台の男性と、一緒に作業をしていた別の会社の男性2人の、あわせて3人が病院に運ばれ、3人とも意識はあるということ。

関係者によると、3人は造船中の船の甲板で作業をしていて、近くのクレーンに落ちた雷がワイヤーを通じて伝わり、感電したとみられる。クレーンには落雷を避ける避雷針が付いていた。この造船所で雷による感電は、初めて起きたという。

函館では当時、雷注意報が出ていた。

死亡事故に至らなくて幸いな感電事故でした。

報道写真には、確かに避雷針が見えます。しかしそれはコントロール室の上です。ブームを全部下げればその避雷針の効果があるのですが、避雷針より高い位置に、鉄製のブームがあったのでは避雷針の効果はなかったのだと思います。

雷が狙うのは

・他より高いところ

・より尖った部分

・金属製の部分

なのです。これから見ると、避雷針の効果がなかったのではないでしょうか。

これは、「KY」不足です。

こんな「KY」が必要でした。

① 今日は低気圧が近づいてきて荒れ模様だ。天気予報は雷を伴うという。

② 現場は港近くで高い建物はない。クレーンでの作業は、雷鳴があったらブームは最低まで下ろす。光ってから音が聞こえるまで3秒以内であったら直ちに低いところへ避難。

③ できるだけ建物の中、無ければ車の中へ避難。

このような「ＫＹ」が事故防止なのです。これは、職長が中心になってやるべきです。

もう少し、雷についてみてみましょう。レスキュー隊員時代に実際に雷の事故を見たことがあります。

まず雷鳴のピカッとなる光は一応到達時間が無いものとします。音は1秒間に約３４０ｍ（気温にもよる）進みます。ピカッとなって約2秒後にドーンと鳴れば、約６８０ｍの距離に奴はいるのです。すぐ傍《そば》にいるのです。とても危険です。５秒くらいだと、１７００ｍくらいです。３秒以下だと何をおいても急いで避難してください。

雷は、空気中をスパークして飛んでいますが、超高電圧の雷は地上に回路を作り電流を流したいため抵抗の低いところを探して飛んできます。一番狙うのは尖《とが》った導体、つまり金属です。これが避雷針なのです。避雷針は尖った金属に鬼撚り線という太い電線につながっており、地面にアースされています。要するに雷の電流を地面に流しやすくしてあるのでその周囲は安全なのです。避雷針という文字ですが、逆に導雷針ともいえるでしょう（安全範囲、避雷針角度で約30度）。

でも、近くに避雷針がなければ、樹木の先、特に杉の木に落ちます。杉の木は高く伸びていて尖っています。金属ではありませんが、樹体にかなりの水分を含んでいます。つまり雷にとっては、周囲に金属がない時の格好の導体なのです。

こんな落雷がありました。山の中で伐採作業中、雷が鳴ったので作業員全員が大きな杉の木の下に避難しました。ちょっと一安心のように見えますが、実はこの木に落ちたのです。杉の木は縦に真二つに引き裂かれて焼けこげました。避難した人は、その誘導電流で火傷を負ったのです。運が悪ければ死亡事故でした。木の下は危険なのです。周囲に木しかない場合は、体から金属品を外して、できるだけ低い地面に身を伏せてください。側溝など、地面より低い部分があればなお安全です。

車の中は、タイヤが絶縁物なので一応避難場所として安全といわれていますが、ケースバイケースでしょう。建物があれば、軒先ではなく中へ入って待つことが一番安全です。

雷は計り知れないエネルギーを持っているといわれます。詳しくはわかっていない部分もあるそうですが、ピカドン一発で、１億ボルトの電圧で10万アンペアの電流を０・０１秒流したとき発生するくらいのエネルギー量だそうです。どなたか計算してみてください（およそ２０００世帯分の電力１日分に相当する位となるそうですが?）。

14 道路から重機転落事故（死亡）

徳島市の山中で、近くの建設会社役員の男性（50歳）が市道から転落したパワーショベルの下敷きになっているのが見つかった。男性は病院に搬送され、約3時間後に死亡が確認された。

男性はパワーショベルを運転し、市道の補修工事現場に向かっていた。後続のトラックを運転していた同僚の男性が、市道から約5ｍ下の斜面に転落しているのを見つけた。

道路の路肩が一部崩れており転落が原因とみられている。

工事現場では完全な道路はありません。整地した直後や何年も通らない古い道路など危険極まりない状態でしょう。特に草が生い茂った状態では大雨の後などに起きる亀裂がよく見えません。重機は何トンもの重量で、少しの亀裂でもくずれ落ちることがあります。

誘導員がいれば安心ですが、いなければ路肩は一番注意しなければなりません。

それにはまず、「歩いて調べること」です。車両の中からではなく自分の足で、目で見て回ってください。面倒かもしれませんがこれで異常が見つかることが多くあります。これが、現場を見てやる「KY」で一番効果があるやり方でしょう。異常個所は、セーフティーコーンやトラロープでしっかりと警戒表示をして近づかないよう、自社だけでなく現場入場が予想される協力会社にも周知徹底しなければなりません。

さらに、第三者が入ってこないような注意の表示看板も必要です。子どもや外国人でも読めるように漢字のほか、カタカナ、ひらがなでの喚起表示があるとさらに安心です。漢字しか表示のない現場へ子どもが侵入して事故が起きた例もあるようですので念のため。

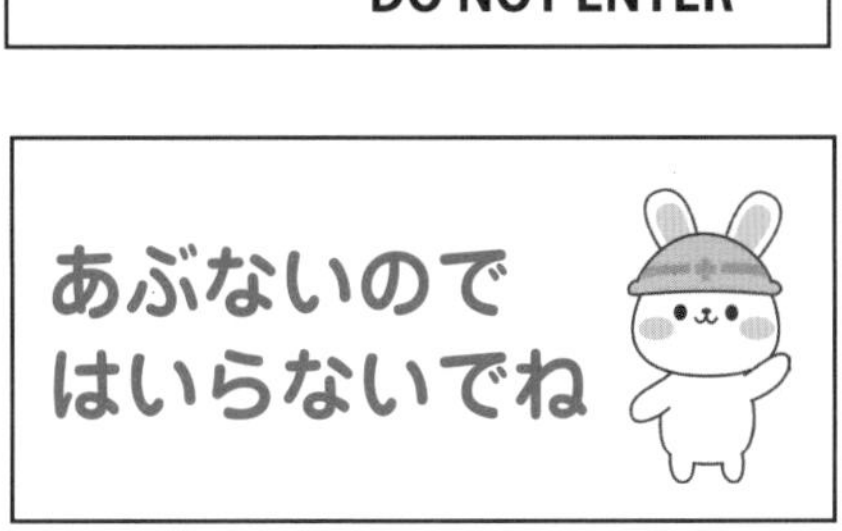

15 重機挟まれ事故（死亡）

愛知県のコンクリートリサイクル会社で、作業員の男性がコンクリートを砕く機械に胸を挟まれ、死亡した。リサイクル会社の従業員から「作業員が機械に挟まれて意識がない」と消防に通報があり、病院に搬送されたが、およそ1時間後に死亡。

警察によると、作業員は別の作業員らと鉄筋コンクリートを砕く作業中に、機械に引っかかった鉄筋を取り除こうとして、挟まれたとみられている。

巻き込まれ、挟まれ事故は命に関わる悲惨なものです。これらの機械類は全て大きなモーターやエンジンで駆動されています。破壊力が作業効率を決めるので人間の身体などひとたまりもありません。絶対に近づいてはならないのですが、何か異物が引っかかったときが問題です。機械を止めて取り除けばよいことはわかっています。しかしある程度動いていなければ除去がなかなかうまくいきません。動かしながらの方がよく除去できるのですが、これが命取りになります。

破砕機だけでなく「ベルトコンベアー」など他の回転機械も同じです。

絶対に直接手を出してはいけません。機械を止めてその部分を分解するより仕方ないでしょう。大変な手間がかかりますが、止めて異物を取るのが一番の安全対策です。わかっているけど事故があるということは「ちょっとだけなら」「これくらいなら」という安易な気持ちがあるからに他なりません。

不安全な状態や不安全な行動を減らすため、正しい作業の進め方を示すため、「作業手順書」というものが作成されます。

具体的には、

○　その作業の全体を、数項目に分解する

○　効率よく作業できるように並べてみる

○　それぞれの項目に、その急所を考える

○　その急所をおさえなければどんなけがが起こるか予測する

○　類似作業はこの手順書を順守させる

手順書の作り方は、労働新聞社の「リスクアセスメントを取り込んだ作業手順書」が大変参考になります。このような形で作って守れば事故が極限まで減らせるという優れものです。

今回の事故であれば、異物の除去は機械を止めるべきことが作業手順書には記載されていたはずです。しかし、事故が起きたということは作業員が手順を守らなかったか、あるいはこの作業には、作業手順書がなかったのかもしれません。全部の作業工程の手順書を一気に作ることは大変です。危険作業から一つでも二つでも作って守ってほしいと思います。

誰がやっても
基準どおり!
作業手順書
そして、
事故もない!

16 天井クレーン事故（死亡）

愛知県の工場内で男性（31歳）が倒れているのが見つかり、病院に搬送されたが死亡。誤って転落したとみられる。男性従業員が倒れているのを同僚が見つけ、119番通報した。男性は肋骨が折れていた。

警察によると、男性は機械の異常を知らせる警報が鳴ったため、配電盤がある3階に向かい、ガーター部点検中にクレーンが動き出し、ぶつかって転落したとみられている。

大型の天井クレーンは電動式でモーターも大型です。つまり、大電力機械です。しかもクレーンには移動機構があるため充電部がむき出しの機種もあって、普段は人の触れるところではないのですが、点検などでは感電にも注意しなければなりません。

もう一つの注意点は、電力を送るブラシ部分の接触が悪いと動きが止まる構造のものもあります。おそらく、動きが止まったので送電ブラシ部分を点検したのでしょうか？ 接触不良が解消され急に動き出したとき身体がぶつかって墜落した様子が想像できます。報道では肋骨が折れたとありますが、普通、肋骨が折れただけでは死に至ることはありません。運悪く臓器に刺さったことも予想されます。安全帯がなかったことも残念でなりません。

充電部分のある機構部の点検は、

① 点検はメインスイッチを切る
② 接触不良点検には、テスターなどの測定器を有効に使う
③ 高所での点検は安全帯を結着する。念のためゴム手袋、ゴム長靴を履く

低圧電気の特別教育などではテスターの使い方を学べます。電気は目に見えないので視覚化するには測定器が頼りです。是非覚えてください。

一手間かけることを惜しまないことが大切です。

17 鉄骨下敷き事故（死亡）

倉庫の建設作業をしていた18歳の作業員が、２本の鉄骨の下敷きになり死亡。

建設現場の工事関係者から、「男性作業員が鉄骨の下敷きになった」と１１９番通報があった。現場で作業をしていて、長さ９ｍ、重さ３トンの鉄骨の下敷きになり、病院へ搬送されたが死亡。

調べによると、現場では野菜などの集出荷施設の建設をしていて、数日前から鉄骨を使った工事が始まり、当時は２本の鉄骨をボルトでつなぎ合わせる作業を進めていた。台の上に置かれた鉄骨をジャッキで持ち上げてしゃがみながら作業をしていたが、何らかの原因でジャッキが外れ、鉄骨２本が落ちたとみられている。

ジャッキというものは重量物を持ち上げる物ということは誰でもわかっています。しかし、持ち上げたままの状態での作業はいけません。一時的なアップなのです。「一旦ジャッキアップ」という言葉があります。まさにそのとおり、一時的なのです。そのままの状態でしかも力がかかる作業は、必ず「馬」（丈夫な台木など）を当てなければなりません。昔は「馬を当てない作業はするな！」といわれたものです。馬に下ろし安定を見てからの作業が万全です。ほんの一時の作業も時にはあるものですが、ジャッキアップのままで万一ジャッキが外れても、馬があれば潰《つぶ》されることはありません。自動車のタイヤ交換などでもジャッキが外れる事故が時々あります。面倒かもしれませんが馬を当ててほしいと思います。

もう一つ例にとりましょう。

大型トラックなどの運転席をキャビンといって、エンジンの点検などの時、それ全体を持ち上げることができます。手動でも電動でもいったん持ち上がったらキャッチされて落ちてこない構造になっています。しかしこれでも事故が起きることがあります。丈夫な棒、端太角などをセットして万一キャッチが外れても落ちないように備えるのが万全です。

筆者は、「フェールセーフ・フールプルーフを図る」という言葉をよく講習会で使います。「万一、これがだめでもこっちでカバー」という「どっちに転んでも」というやり方は昔からあるものです。現代用語では「二重の安全化」でしょう。

この考え方はとても重要です。似たような考え方に安全帯の２丁掛けが当てはまります。これは架け替えるときの無防備状態解消と、２カ所違う部分にフックをかけておく「万一の時の備え」です。フックを違う箇所にかけることが「みそ」なのです。このようにフェールセーフを取り入れて「万に一つが、億に一つ」になってほしいと願わずにはいられません。

この事故は18歳といういわば経験が浅い若い作業員によるものです。職長の責務では経験の浅い作業員への指導監督が義務づけられています。もっと能力を磨いて若い作業員に教えてほしいと思います。事故があるのもないのも「職長次第」と痛感しています。

14時間の職長資格取得後、５年を目途に能力向上教育（再教育）を受講してください。いわれるまでもなく自分で進んで受講して「職長責務の12項目」の内、最も大切な「作業員の命を守る」こと、「万一の時の救命方法」を常に頭の片隅においていただきたいと思います。

18 足場から転落事故（死亡）

パーキングエリアの工事現場で、作業員（70歳）が作業中に足場から転落して全身を強く打ち死亡。

作業員は本線を隔《へだ》てる橋の外壁周辺でコンクリートをならす作業中、高さ約7ｍの足場から誤って転落したとみられる。当時、複数人と一緒に作業していたという。

組立基準を満たした足場は転落墜落の恐れがない場所として、安全帯を使わない場合が多いです。それはそれでよいのですが条件にもよります。

例えばこんな事故がありました。

鉄骨3階建ての現場、足場上で大きなナットを緩めたり絞めたりする作業。ものが大きいので力いっぱいで工具を使う作業です。基準を満たしている足場なので安全帯はしていません。

最初は調子よく緩めていたのですが、あるところへ来たとき力を入れたら急に緩んで反動で手すりを乗り越えてしまったのです。手すりをつかもうとしたが間に合わず、転落して重傷を負いました。前にも書きましたが「ずっこけた」のです。高いところで力の入る作業はこんなこともあるのです。したがって「ＫＹ」では、

「今日の作業は足場の上で、全身の力をかける作業だ。万一こけた時の養生として、ここは安全帯を使おう」

これが職長の安全管理なのです。基本的には高所は安全帯結着が一安心です。

法改正があり、すでに施行されていますので建設業で高さ５ｍ以上での作業は「フルハーネス」を使ってください。そして特別教育の受講も必要です。

19 屋根踏み抜き事故（死亡）

埼玉県の貸倉庫で、倉庫の屋根の補強作業をしていた作業員（51歳）が屋根を突き破って転落、搬送先の病院で死亡が確認された。頼んでいた雨漏りの補修中にドスンという音を聞いた発注者が転落に気づき119番通報。

警察によると、先に作業員8人で屋根の補強作業をしていた現場に行き、はしごをかけて屋根に上ったところ、高さ7mの波形スレート屋根が破れて転落した。屋根に落下防止のネットはかかっていたという。

スレート材は、不燃性、不腐食性、製造上成形しやすいなど長所がたくさんあり、屋根材として多く使用されていましたが、現在は他に代わるものがあり、少なくなってきました。スレートは荷重をかける面積が少ないと、人間の足1本乗っても破れることがあります。したがって敷板など広範囲に荷重を分散してから上ることが必要です。

半体重という動作があります。高所では一見頑丈そうに見えても、一気に体重をかけるのではなく半体重、徐々に体重をかけて調子を見ることも大切です。墜落防止ネットが有効に機能しなかったのは残念です。いってみれば、これも「ＫＹ」の不足でしょう。材質の強度を知らなかったでは済まされないことです。

もう一つ見抜く方法があります。それは屋根裏の状態を見ることです。ちょっと手間がかかりますが、裏から見れば、表では見えない亀裂や劣化が見えることがあります。特に大きな倉庫などでは床にいても双眼鏡などで目視できるところがあるでしょう。

スレートは割れやすい

今そこに見えていない危険性に注意を払うことはとても大切なことです。見えない部分への心遣いの大切さは、工事現場ばかりでなく何事にも通じるものではないでしょうか。

20 酸欠事故（死亡）

名古屋市のホテルの地下駐車場で「煙が出ている」と119番があった。市消防局によると、二酸化炭素ガスを放出させる消火設備からガスが充満したとみられ、作業員（51歳）が死亡。さらにもう1人が重体とのこと。ほかに同僚の作業員やホテル従業員ら10人が救急搬送された。火災は確認されておらず消火設備が作動した原因や死因を調べている。

当時、作業員4人で駐車場のメンテナンスをしていた。消火設備は放水するタイプではなく、二酸化炭素ガスを放出して酸素濃度を下げて窒息効果で消火する仕組。酸欠状態になった可能性もあるとみて調べている。

大きな地下駐車場などは車両火災が起こった時の消火設備として、放水して熱を下げる屋内消火栓などの「冷却効果型」ではなく、二酸化炭素ガスを大量に放射する「窒息効果型」が多く採用されています。この消火設備は非常に消火効果がよいのですが、反面、消火剤である二酸化炭素は空気中の濃度が高いと中毒症状を起こしてしまいます。空気中濃度が3～4％で、頭痛・めまい・吐き気などが表れ、7％を超えると意識を失いその状態が続くと呼吸停止の状態になり、20％を超える状態だと数秒で死に至る危険性があるのです。そのため作動したときは、「ガス放射、危険、逃げろ」と大きな音声ガイダンスがあるのですが、それを無視すると大変危険です。工事関係者はそのことを知らされていなかったのではないかと思われます。作業手順書にどのような内容があったのか、職長の「KY」がどうであったのか疑問になるところでしょう。

後に、今回の事故は作業員の誤操作が原因と報道されました。消火設備の作動は感知器によって厳重に管理されていますが、実際の火災ではなく、工事の振動や熱、工具の異音などで誤動作の可能性もあるので注意が必要です。

二酸化炭素消火設備が設置されている付近で工事等を行う場合には、誤作動や誤放出を防ぐため、ボンベ庫内の「閉止弁」を閉止するなど、もし誤操作があっても消火剤が放出されないようにしてください。誤って起動ボタンを押したときは、遅延時間（20秒以上：放出区域から退避するための時間）内に速やかに手動起動装置内にある「非常停止ボタン」を押し、消火剤（二酸化炭素）の放出を止めてください。

最も大切なことは、「この場所で、この工事で、この付近に何があって、どんな危険があるのか」

これを作業員とともに考えるのが大切なのです。事故があるのもないのも「職長次第」です。すべての職長さんに「この○○…」のことをお願いしたいと思います。

いずれにしても、地下での作業は多くの危険を伴います。「地下という環境での作業」の危険性をしっかりと学べる特別教育、「酸素欠乏症等の予防」の受講をぜひお勧めします。

防ごう！！ 二酸化炭素消火設備の放出事故

1 工事・メンテナンス時

二酸化炭素消火設備又は、その付近で工事・メンテナンス等を行う場合には
- 誤作動、誤放出を防ぐため消火設備を熟知した消防設備士、消防設備点検資格者を立ち会わせる等、作業時の安全確保を徹底する。
- 関係者以外の者が立ち入らないよう管理を徹底する。

2 建物利用者等への周知

防火管理者や自衛消防隊員、二酸化炭素消火設備設置場所の関係者に対して、二酸化炭素の人体に対する危険性、設備の適正な取り扱い方法、作動の際の対応方法等について周知する。

3 消火設備作動時の対応

消火設備の消火剤が放出された場合は、すぐに119番通報をし放出場所に人を立ち入らせない。

保守等作業前の注意点

消火設備の防護区画内で作業する場合は、建物の関係者と作業員の双方で必ず閉止弁の閉鎖を確認し、作業の安全を確保するため十分な意思疎通と共有を行いましょう。

①起動の切り替えスイッチを手動にする。

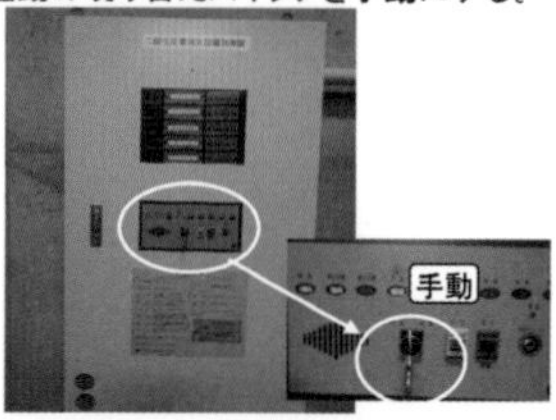

②ボンベ庫内の閉止弁を(閉)にする。

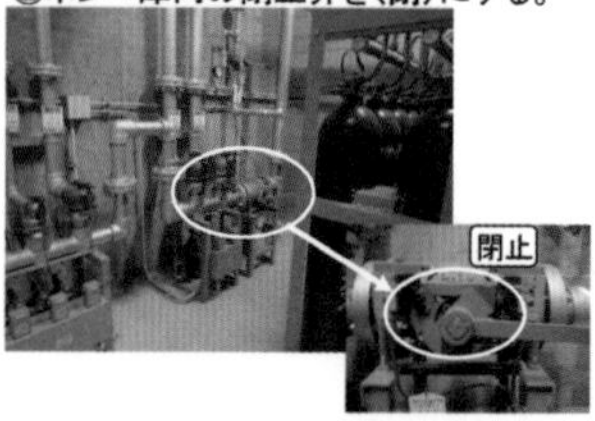

※作業終了後は閉止弁等を(開)の状態にする。起動方法も通常時に復旧。関係者と作業員の双方で確認しましょう。

火災以外で「退避警報」が流れたら

※消火ガスが誤って放出された場合は、速やかに退避し不用意に近づかないでください。

21 積み荷崩れ事故（死亡）

名古屋港に停泊していた貨物船の積み荷が崩れ、男性作業員（24歳）が死亡、30歳の男性作業員も両足を切断するなどの重傷を負った。

海上保安部は、作業効率を優先するために荷崩れ防止で固定していた木材を外したことなどが事故につながった原因として、現場責任者の男性（49歳）を業務上過失致死傷の疑いで送検した。

現場責任者は「安全衛生責任者」または「職長」です。

「作業効率を上げるため固定材を外した」。職長の責務12項目をもう一度見直していただければと思います。作業員の命を守ることが作業効率より優先ということはわかっていたはずですが、しかしそれをしなかった。現場には必ず掲示されている「安全第一」という看板が、「生産第一」になってしまったのです。

現場には、他にも「つり荷の下へ入るな」「指差し呼称励行」「整理整頓、清潔清掃」など色々な安全標語が掲げられています。しかし、実際には「形骸化」があるようです。職長はその一つ一つについて自ら実践していかなければなりません。また作業員も職長の指示に不安全が感じられるときは、進言していかなければなりません。したがって、当日の職長以外の作業員も職長教育を受けておいてほしいと思います。どんなに作業効率が上がっても、人命が犠牲になったら何にもならないことは普通に理解できます。でも時々あるのです。なぜでしょうか？　時々安全を軽視した作業優先があるのです。たまたま事故が無かっただけなのです。

22 重機運搬車両から転落事故（軽傷）

ある土木現場です。バックホーをトラックで現場まで運搬し、道板を使わず降ろしていたら、キャタピラーが滑ってトラックから転落。オペレーターは幸い打撲で済んだが、下敷きになれば死亡事故。


別の現場で同じような光景を目にしたので、どのように降ろすのか注視していました。すると、運転者はトラックから降りて、荷台のバックホーに乗りこみバケットを地上に着けました。何回もバケットを修正して道板のない荷台から上手に降りたのです。「上手いもんだなー」と感心していましたが、あれっ、「これは事故の元」と思い運転者に近寄って、

「だめですよ、ちゃんと道板があるじゃないですか？　安全のため使ってください」

というと、

「あー、いつもこのようにやっているよ。道板は重くて持ち上げるのに腰が痛いし。昔からやってる

けど、落ちたこと1回もないよ」という返答でした。筆者は、「でもいつかは事故になってしまうのでやめてください」というと、「腕だよ！　腕！」といって、右手で左腕を何回もたたいて、自慢げに立ち去ったのです。

このやり取りはどうでしょうか？　そうです。やはりこれも、いつかは事故につながるのです。今まではたまたま運が良かっただけなのです。やるべきことをやらなければ、いつか事故が起きることを知るべきです。昔からやっているのなら、このような状態をほかの作業員や職長はどこかで見ているはずでしょう。それが続いているということは、だれもこの運転者に注意していないのではないでしょうか。事故は自分の注意だけでなく、社員全体で一丸となって防ぐものという考え方が正しいのです。やろうと思えばできるはずです。

道板は、重くて面倒でも、このようにきちんとかけて事故防止を図ってください。過信はいつか大きな事故に。

　また、バックホーはクレーン代わりにもよく使われます。しかしクレーン仕様の構造を具備していないものを使って起きた事故もあります。また、クレーン仕様であっても無理をすると事故につながります。

　アウトリガーを全伸長した本物のクレーンでさえ転倒事故があることを思い出してください。バックホーはキャタピラーだけでしか踏ん張れないので、その安定性は知れたものです。横方向に対しての荷重は弱いことを知っていても、キャビンが回転するのでついやってしまったことによる横転事故が後を絶ちません。クレーン代わりの作業はもともと用途外使用に近い行為ということを頭の片隅に置くことが必要だと思います。

23 危険物漏洩事故（けが人なし）

北海道の建設会社の給油施設でタンクローリーへ給油中、軽油約２０００リットルが漏れ出し、付近の川にも流れ出た。「給油をしている時に油が漏れた」と１１９番通報があった。

消防などが現場に駆けつけた際、軽油約２０００リットルが漏れ出していることを確認、マットで油を吸い取るなど拡散を防ぐ措置を取ったが、現場から50ｍ程離れた川にも流れ出たということ。給油に不適当な器具機器を使って積み込みをしていたとみられていて、警察の調べに男性は「給油を始めて離れていたら漏れていた」などと話しているということ。

消防法違反にあたる可能性もあるとみて調べを進めている。

これと同類の事故処理を担当したことがあります。まず、人的要素からみてみましょう。給油をした作業員は「危険物取扱者」の有資格者であったかどうかです。もしそうでないとすれば、当該会社の誰かが有資格者のはずです。そうでなければ「危険物自家給油取扱所」の施設としての許可が下りません。給油者本人が無資格であったなら、直近の有資格者の「指揮監督の元」で初めてその行為が許されるのです。

資格の事案として「セルフ給油所」があります。そこでは、一般客が何事もないように給油していますが、保安上重要な規制があることを知らなければなりません。

危険物の規制法令では、「顧客の給油作業等を危険物取扱者が直視等により、適切に監視すること」となっており、セルフ給油所の安全を確保しているものとして緩和されています。つまり、直近で保安指導しながらでなければ、給油できないのです（一部例外あり）。実際にはどうでしょうか？ 筆者は消防本部現役時代、危険物行政を担当していた時期があります。ある大きなセルフスタンドの使用状況を見て、危険物災害を心配したことがあります。危険物のことを何も知らない一般客が、「自由に給油できるのではない」ことを知るべきです。

次に、危険物の取扱施設の概要から説明します。

タンクローリーとは消防法で「移動タンク貯蔵所」という枠で規制されています。この会社の場合はおそらく工事現場の重機等に給油するのでしょう。工事現場に燃料を運ぶ小回りの利く便利なものです。そのタンクローリーが空になったのでこのタンク自体に給油したのでしょう。建設会社の給油施設であれば一般的に「自家給油取扱所」であり、消防法で許可の下りた危険物施設です。

元々危険物の漏洩を防ぐ目的からして、給油取扱所（一般的にいうガソリンスタンド）以外で危険物を給油してはならないというのが大原則になっています。給油取扱所の構造であれば、万一漏れてもそれなりの「油拡散防御設備」があるのです。

① 万一漏れても地盤に浸透しないように床をコンクリートで造る
② 1カ所に集まるようなわずかな傾斜をつけ、そこに油分離槽という貯め枡を造る
③ 何層にもなっている分離槽から出ても良いのは水だけ
④ したがって危険物取扱者は毎日、浮かんでいる油は汲み取って、外部に出さない維持管理が必要。水と油は混ざらないことを最大限に応用している保安設備

しかし、この事故のように2000リットルもの量（200リットルドラム缶10本分）では分離槽での許容範囲を大きく超えてしまいます。こんな大量は万一としても想定していないのです。つまり給油中はその場を離れてはいけません。一応安全装置として、満タンになった時ストップするように

なっているのですが、この事故では作動しなかったようです。事故現場では「給油に不適当な器具機器を使って積み込みをしていた」とあるので、消防法で規制される構造規則に違反していたということになります。当然、この危険物施設は、管轄消防本部から「使用停止命令」がかけられたはずです。使うことができないので、命令が解除されるまで仕事にならないということになって、会社全体として大変大きな損害が発生することになります。

次にタンクローリーを見てみましょう。

工事現場の重機はガソリンスタンドまで給油に来ることができない機種が多くあります。ゴムタイヤの重機などは道路を走れますが、鉄のキャタピラーなどは走れません。したがって、タンクローリーが工事現場まで行って直接給油するのですが、現場には漏れた時の浸透の防御がないので『絶対に漏らさないこと、有資格者が監視しながら、常温で可燃性蒸気の発生が著しく小さい軽油』はこの条件つきで「緩和措置」があるのです。ただしガソリンはこのような行為は許されません。常温で可燃性蒸気が発生しているので火災の危険性が大きいからです。

現場で万一漏らして地面に浸透したら、その部分の土砂をすべて掘り起こし「産廃処理」しなければならない場合もあり、大変な費用と労力が伴います。いずれにしても様々な取扱い方法があるわけですので、少しでも疑問があれば近くの消防本部危険物係へ問い合わせることが確実です。

なお、危険物行政は、法によりその事務を消防長が委任される形で消防本部が執っていますが、都道府県事務にも関連するものです。それだけ、一旦事故が起これば大惨事になる危険性を考慮しての行政事務なので、慎重を期しているということになります。

建設現場火災

最近の現場事務所などのプレハブ建物では見た目は立派なものですが中身は簡易的なものです。冬場はストーブの灯油等が無頓着に置いてあるのを見かけます。いったん火が出ると段ボールが燃えるように一気に火の海となります。必ず消火器は常備してください。
火災は、最初は小さな火でも大惨事になることが度々あります。重大な「危険エネルギー」が潜在していることを肝に銘じたいと思います。

24 クレーン転倒事故（死亡）

宮城県の工事現場で大型クレーン車が横転して1人が死亡、5人が重軽傷を負った。

この日の実況見分では、横転したクレーン車を引き上げながら、クレーン車の車体の横に張り出して転倒を防止する「アウトリガー」周辺を調査した。

クレーン車を稼働させる際は、一般的にアウトリガーの下に鉄板などの敷き材を用いて車体の安定を図るという。今回の事故では敷き材に何らかの不備が生じ、クレーン車がバランスを崩して横転した可能性があるとみて、引き続き事故の原因を調べる。


クレーンの転倒事故は時々ある重大事故です。重大とされるのはオペレーターを含む作業員の命が脅かされるだけでなく、第三者が犠牲になるケースが多いからです。高いものは30ｍ以上ものブームが伸びています。倒れてくればその先端の速度や破壊力は想像を絶するものがあります。工事に関係のない人が突然倒れてきたクレーンに巻き込まれると、たまったものではありません。クレーンのオペレーターは「絶対に倒さない基本を守ること」が要求さることはいうまでもありません。その基本を見ていきましょう。

全てのクレーンに共通する注意事項です。

① ブームの伸長伸縮操作をするときは、荷の荷重に関係なく（例えば荷をつらないでも）アウトリガーを全伸長する。

移動式クレーンのアウトリガーを障害物によって最大限に張り出すことができない場合もあります。この措置として「アウトリガーの張り出し幅に応じて自動的に定格荷重が設定される過負荷防止装置を備えた移動式クレーンを使用するとき」という条件つきの場合もありますが、いずれにしても危険性を伴うことを認識して欲しいと思います。

② そのアウトリガーの下には規定（通常は車両本体に付属しているもの）の敷板を敷く。

よく見られるのは、コンクリートやアスファルトできちんと舗装されていて、いかにも頑丈そうな地盤の時には敷板を省くことがあります。これは絶対にやめてほしいのです。

こんな事例がありました。

クレーンを停車した地盤はコンクリート舗装でした。オペレーターは勝手に頑丈な地盤だと判断してアウトリガーの敷板を省いたのです。重い荷を上げ下げしているうち1カ所のアウトリガーが少し沈んだのです。もちろんクレーンは転倒寸前になりました。なぜでしょうか？

沈んだ部分の直近に側溝があってその目地（つなぎ目のモルタル）が老化していたのです。目地が痛んで水がいつも側溝の下を洗っていたので空洞ができていたのでした。外見上から地下の空洞は見えません。こんなこともあるので必ず既定の敷板が必要だと教育では力説しています。やはり基本を守ることが一番の安全対策です。

③　規定の敷板を敷こうとする部分が軟弱地であると判断されるときは、鉄板などの養生敷板を敷いてから、その上に規定の敷板を敷く。

④　安全機能のスイッチは切断しない。

⑤　荷の移動は常に微動を心がける。

⑥　過負荷等の安全装置を絶対にオフにしない。

⑦　急激な旋回はしない（荷が遠心力で振れる）。

こんな事故が起きれば社会的影響が大きく会社の評価も地に落ちるこ

とになります。大型のクレーン転倒事故の場合、ブームが長いため近隣の建物や住民の命にまで被害が及ぶ大惨事につながります。クレーン免許取得時の緊張感をもう一度思い出して安全作業に専念してほしいと思います。

小型の移動式クレーンなどでよくみられる不安全行動があります。それは軽い荷や、ほんの少しの荷を下ろすような場合で、「アウトリガー」を荷の側しか出していないのです。反対側もきちんと全伸長が基本です。ブームを間違って反対側へ回転して荷が振られ、転倒した事故がありました。軽い荷でも、「アウトリガー全伸長」と「敷板」は絶対必要条件なのです。

小型移動式クレーンは便利でよく使われます。転倒事故も多いのですが、資材搬入などの玉掛の失敗も結構あります。1人での操作はよくありますが、クレーンの資格のほか、玉掛資格も必要なことを必ず守ってください。

それぞれ、クレーンの能力や荷の重量などに応じて特別教育、技能教育、免許等ありますので、法令違反とならないよう確認が必要です。

『安全法令ダイジェスト』には、法令に基づいたクレーンの安全作業が大変わかりやすく載っています。

25 鳶職転落事故（死亡）

兵庫県の解体工事現場で、事業主から作業を請け負っていた会社の鳶職男性（43歳）が、8階の屋上部分から4階部分に転落、死亡した。警察署によると、男性は、同僚3人とガスバーナーでコンクリートの中の鉄筋を溶断する作業をしていたという。

鳶職というと高所専門の作業員です。一般作業員より常に高所での作業は危険が伴います。そのため自分たちの命を守る安全管理は徹底しているはずです。転落したということは「安全帯」をかけなかったか、または効果が無かったのかどちらかです。鳶職が安全帯をせずに作業することは考えられませんので、恐らく後者でしょう。

建築物の解体作業は思いもよらない危険があります。例えば鉄筋を溶断した際、切れた鉄筋と一緒に付着しているコンクリート片が落下した例もあります。その付近に決着した安全帯は効果がありません。躯体とは別に親綱をもう1本張って安全帯フックの2丁掛けのフェールセーフがあったのでしょうか。2丁掛けが安全といわれますが、結着元の環境が同じでは効果半減です。必ず別系統の親綱を張るべきです。

いずれにしても昔からいわれる、「どっちに転んでも」という考え方が大切です。特に高所で作業を専門とする作業員はフルハーネス安全帯でそのフックを別ルートの親綱に「もやい結びで1丁確保」することをお勧めします。

2丁掛けの安全帯はかなり重くなります。着用しているだけでも肩が張りそうです。しかし1丁掛けは、掛け替え時に無防備になるわずかな時間があるのです。今のところ「望ましい」にとどまり、法的義務がないとはいえ、危険現場では万全を期すために2丁掛けを現場入場条件にすることはよくあります。

26 フォークリフト事故（重傷）

フォークリフトで鉄筋を運搬中、1本が抜けて近くの作業員の背中に激突して負傷。

フォークリフトは便利で危険。
フォークリフトは小回りが利いて倉庫などで荷を運ぶのに便利で多用されています。その小回りが裏目となって発生する事故があるのです。

まず、構造を見てみましょう。
- ホイールベースが短い（狭いところで切り返しが楽）
- トレッドが狭い（〃）
- ハンドルが切れすぎるため横転しやすい（〃）
- フォークを上げすぎると上加重となって不安定（高いところへ荷を置くのに便利）

など、多くの利点がある反面、欠点もあります。とにかく不安定なのです。

したがって、荷を運ぶ時、

① パレットに積んだ荷を結束して
② フォークをパレットにさして
③ 荷を必要最小限に上げて、地切りをして
④ 急ハンドルを避け、スロー運転で、
⑤ 荷を下ろす場所へ地切りをして下ろし荷の安定を確認してからフォークを抜く

これが安全使用のポイントです。

フォークに直接
荷を載せない

ところが、ある現場で、数ｍに切ってあった多量の鉄筋をフォークでザクっとすくってそのまま運搬を始めました。少し走った地面に窪みがあってタイヤがガタンとなり片側に大きく揺れたのです。ホイールベースが短くトレッドが狭いということは少しの窪みでも大きく傾くことになります。

その勢いで鉄筋が1本抜けてしまったのです。直近の少し低い位置にいた作業員に激突してしまいました。背中への刺し傷で重傷です。もう少し深く刺されれば死亡事故。

こんな使用方法は用途外使用にも匹敵します。「パレットに積んだ荷を固定して云々…」をもう一度思い直してほしいと思います。

なお、クレーン代わりにフォークリフトのフォークにワイヤーを玉掛をして荷をつっているのを見たことがあります。持ち上げる力があるからといって安易に使うことも見受けますが用途外使用です。フォークからワイヤーがいつ抜けるかもしれません。絶対にやってはいけません。

27 転落事故の心肺蘇生成功例

兵庫県赤穂市で電気工事の作業中に2階部分の足場から転落し、意識を失った家電販売業の男性（51歳）に心肺蘇生法を施し命を救ったとして、赤穂署は赤穂中学校3年のNさん（14歳）に県の善行賞「のじぎく賞」を贈った。

警察や消防本部などによると、10月19日午後3時半ごろ、徒歩で帰宅中だったNさんは、男性が転落した直後に通りかかった。男性は頭から出血してあおむけに倒れており、Nさんは「（心肺蘇生法が）わかるのでやります」と申し出て、心臓マッサージや人工呼吸を繰り返した。救急車到着時には男性は意識が回復し、呼吸も安定していた。Nさんは「普段の呼吸ではない『死戦期呼吸』を習ったことも思い出し『やるしかない』と必死だった」と振り返った。

これは大変うれしい事例です。

心肺停止状態の要救助者は一刻を争うのですが、救急隊員やレスキュー隊員が現場まで到着するのにはそれなりの時間がかかります。全国平均で8分～9分、地域によってはもっとかかるでしょう。現場での救命蘇生法はＡＥＤと胸骨圧迫の心肺蘇生法がありますが、いずれの方法でも5～6分が勝負。この間に蘇生術をやるかやらないかで救命率は大きく変わってきます。

図をご覧ください。3分以内にやれば75％、5分以内だと25％、9分も経つとほぼ絶望的な確率です。したがって、その場にいる人が勇気をもってやってほしいのです。

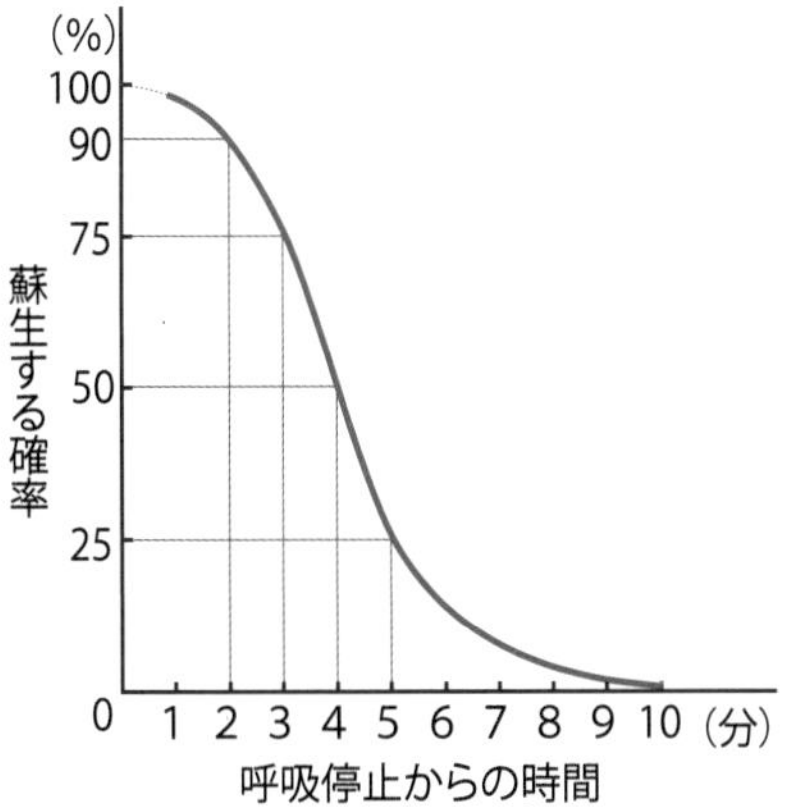

Nさんはその勇気があったのです。習ったことを思い出し、しかも、「死戦期呼吸」（注、シャックリのような呼吸）までも感じ取り、「やるしかない！」と実行した勇気は称えるべきです。

実は胸骨圧迫の救命講習は、一度受講したからといってもなかなか実行できません。時々思い出して自分でイメージトレーニングをすることが一番です。そして誰か他の有資格者に見てもらうと効果的です。資格には通常3年という有効期限があります。資格保持にこだわる必要はありませんが、できれば期限以内に再受講することをお勧めします。要するに「いざ！」というときに「やるのか、やらないのか」だけなのです。

筆者も講習会、特に「職長教育」や「低圧電気特別教育」「酸欠予防特別教育」ではテキストだけでなく実技に時間を割いて覚えてもらっています。

一刻を争う事態なのでどうしてもその場にいる人がやるしかないのです。でも現実には、

・やり方がうろ覚えで不安…

・間違ったらどうしよう…

・自分のやり方で死んだらどうしよう…

など、ただおろおろする場合がほとんどです。現場であれば職長が勇気をもって作業員を皆集めて手分けしてやってほしいのです。詳しいやり方やフローチャートは別の書籍（建設業労働災害防止協会「酸素欠乏症等の予防特別教育テキスト」など）にゆずるとして、ポイントは以下の通りです。

① 意識の確認……周囲の安全確認をして呼びかける。反応が無ければ、周囲の作業員を集め、それぞれ119番通報など分担を指示。

② 呼吸を見る……腹部の上下で確認し動いていなければ（死戦期呼吸も）心停止と判断。

③ 直ちに胸骨圧迫……固い床で仰向けにする。腕を伸ばして、胸の真ん中に手掌基部を置いて脊

柱に向かって自分の体重を利用して垂直に押し下げる。
④ どのように……約5～6cm沈むくらい、テンポは1分間に100回くらい、続けて30回（正確な回数は要求されない）。
できれば、
⑤ 呼気吹込み……気道確保（頭部後屈顎先挙上）して、鼻を抑え2回吹き込む。
③と⑤を救急隊が到着するまで繰り返す。
ただし、感染症蔓延時は⑤は行いません。厚生労働省は「新型コロナウイルス感染症の流行を踏まえた市民による救急蘇生法について」として次のような内容の指針を出しています。
・呼吸や反応を確認する際は顔を近づけすぎない
・心臓マッサージをする際は傷病者の鼻と口にハンカチなどをかぶせる
・前述の③④（胸骨圧迫）のみを救急隊がくるまで続ける
・救急隊に引き継いだ後、速やかに手や顔をせっけんで洗い、傷病者にかぶせたハンカチなどうは直接触れずに廃棄する

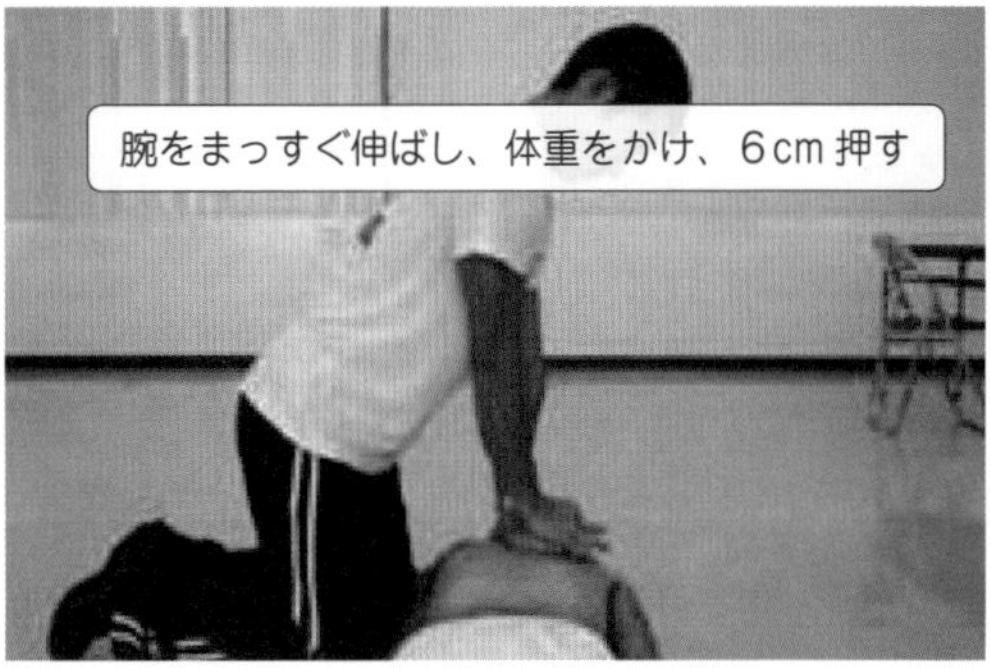

無論、１１９番通報、関係者連絡等は実施者以外の人に指示しながらとなります。

習っても時がたつとうろ覚えになりますが、うろ覚えでもやってほしいのです。胸骨圧迫はやればやるだけ効果があるのです。一刻も早く脳に血液を送らなければなりません。「息を吹き返してくれ」と祈りながら…。

作業現場でも、ぜひNさんのように「やるしかない！」となってほしいと思います。

なお、ＡＥＤが近くに見つかったら使ってください。写真は一例ですが、使い方は簡単です。最近は、公民館等公共施設、学校、大きなスーパー、大きな現場事務所などに備えられています。そして誰にでもわかる目立つ表示看板が必ずあります。
① ふたを開ける。自動的にオンになる。ならないものは電源を入れる
② 音声ガイダンスが大きな音で始まる
③ よく聞いてガイダンスの通りに行動する
がポイントです。

メーカーによって多少の文言の違いがありますが、内容は同じことを説明しています。いずれにしても一千ボルト以上の高電圧でショックを与えるものなので周囲の人がショックを受けないようによく聞いて落ち着いて実施してください。

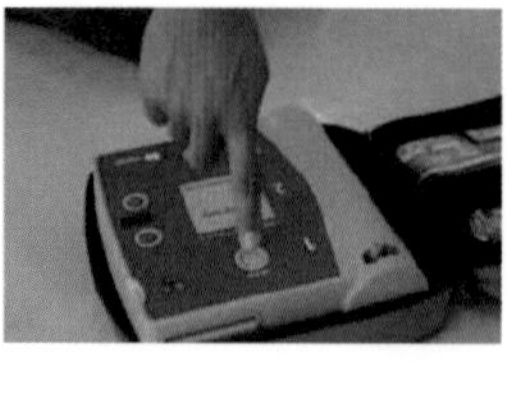

28 救助者も巻き込まれる酸欠事故（3人死亡）

大分市の製錬所から「作業員が倒れた」と119番があった。救急隊員が駆けつけると、製錬所の港に接岸している貨物船内で作業員3人が倒れており、間もなく3人とも死亡した。現場の他の作業員らから、製錬所の警務室に入った一報では「酸欠で倒れたようだ」と報告してきたという。3人とも関連会社の社員。

消防や製錬所によると、作業員らは大型貨物船から銅の原料となる鉱石をクレーンで荷揚げする作業をしていた。鉱石が保管されている船内と、外部に通じる船体上部の縦横約50mの大型ハッチを開け、1人が6m下にある鉱石の保管場所に下りた直後に倒れた。その後2人の作業員が見つけ、助けようと入ったところ2人とも倒れたという。

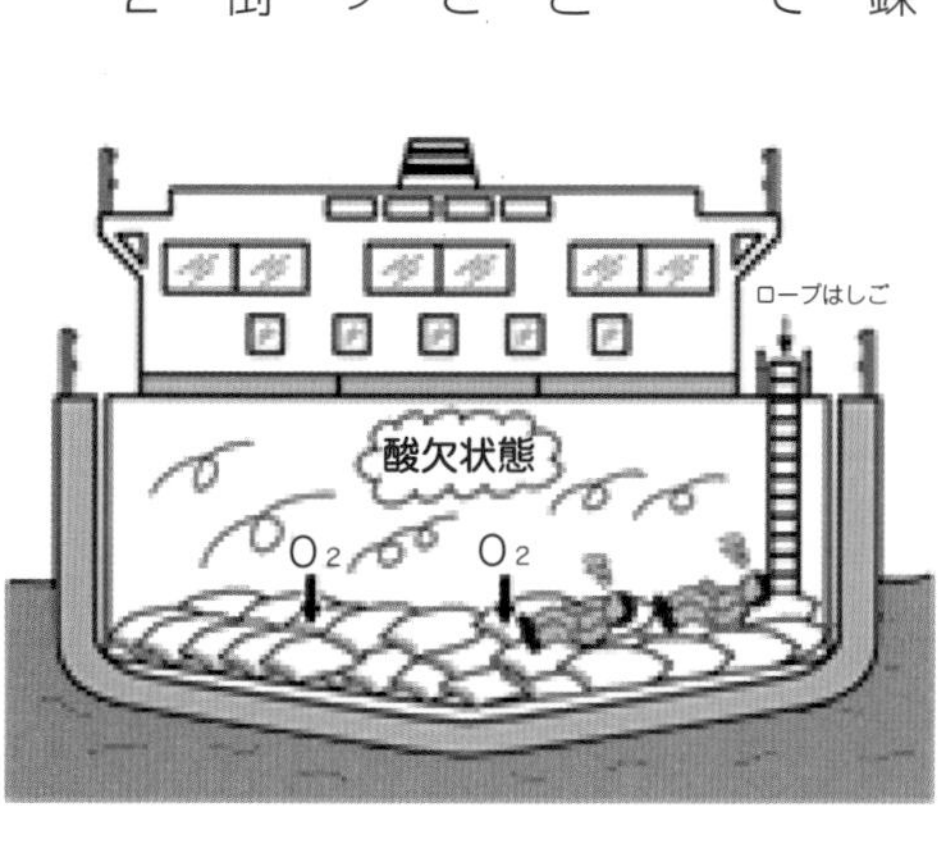

また、

◆**酸欠タンク転落事故**

北海道美幌町にあるでんぷん工場で、男性作業員がタンクに沈んでいるのが見つかり、その後、死亡が確認された。家畜飼料用のでんぷん工場でタンクに不具合が起き、作業員が1人で点検に行ったまま戻らないため、同僚がタンクの中身を抜いて確認したところ発見された。タンクはおよそ４ｍ四方の大きさ。

酸欠とはどのような場所が危険なのか知っておくことが大切です。そのためには、「酸素欠乏症等の予防特別教育」を、少しでも関わりのある作業員全員が受講しておきましょう。酸欠予防の現場作業主任者は技能講習受講が義務です。

まず、代表的なものは地下ピットや飼料タンクなど。これは腐敗した沈殿物、微生物が大量の酸素を消費しているため最も危険です。次に地下水槽や閉鎖的空間の地下部分など、

雨水などが腐敗し、これも微生物が繁殖します。酸欠だけではなく硫化水素が噴出することもあります。地下水槽などの場合、沈殿しているヘドロを足でかき混ぜることは厳禁です。

今回の事故の場所は比較的大きな空間のようですが、鉱石の原料が酸化反応で大量に酸素を消費していたのでしょう。金属が酸化反応して錆びるということは、常に酸素の消費があるので微生物以外にも注意が必要です。

酸欠事故は本当に悲惨なものがあります。同じ作業中の仲間が倒れたら助けに行くことは当たり前のように思われますが、こと酸欠事故だけはすぐに助けに入っては絶対にダメ。惨《むご》いようですがダメなのです。次の条件が整ってからでないと、全員死亡という大事故につながります。

① 閉鎖的空間や倉庫、地上より低い現場で倒れたら、まず酸欠を疑うこと

② 即座に状況を119番通報、できるだけ詳しく伝える

③ 空気呼吸器があれば良いがどこにでもあるものではない。送風機で強制換気を行う。できれば「吸気」「排気」2系統でやる。酸素濃度、硫化水素濃度測定器で測定してそれぞれ18％以上、10ｐｐｍ以下なら助けに入ってよい。救助できたら、ＡＥＤや心肺蘇生法をできるだけ早く実施する（28

休憩時間に…
あの2人上がってこないなァ
タンク内を覗いたところ…
大変だ!

転落事故の心肺蘇生成功例参照)。

レスキュー隊の到着前にこのようなことをしておけば、何かと救命効率が上がるのです。なお、レスキュー隊員は空気呼吸器を装備して自分の呼吸する空気を自分の背中のボンベに確保しています。そして、救助のためのロープや装備品は各種あります。つまり酸欠場所であろうが硫化水素充満場所であろうが入って行けるのです。使用時間が15分前後(活動動作状況にもよる)しかないので、常に予備のボンベをレスキュー車に備えています。

測定器もない、送風機も用意できないとなったら救助はレスキューのプロに任せることです。決して測定なしで入って行ってはいけないことを肝に銘じておくことです。昔は、「小鳥」を入れたカゴを下ろしてみて、生きていれば助けに入って行ったという話もあります(小鳥はたまったものではない)。

現在は優秀な測定器がありますので、酸欠が疑われる作業現場では常備しなければなりません。なお測定器は信頼性が命。電池および時々の試用、点検など日ごろの維持管理も大切です。

29 積載物落下事故（けが人なし）

車から荷の落下物による事故が連日のように起きているが、阪神高速で起きた落下物事故は、まさに命を落としかねないものだった。阪神高速池田線を大阪市内に向かって走行していた男性。

「あんな大きなものが来ると思っていなかった。砲弾が飛んできたのかと思うぐらいの勢いでガーンと来たのでね」

事故直後に撮影した車内の様子では、粉々になったフロントガラスが運転席まで飛び散った。男性の車を直撃したのは、長さ約30㎝、重さ数キロはある鉄のパイプだった。

運転していた男性「当たる瞬間バッと顔を背けて、瞬間にガラスの破片がバーンって顔とかにかかって、ガラスまみれになったような状態でしたね。ダッシュボードに当たって止まったという感じかな。あたる角度がもうちょっと上とかだったら、顔から胸のあたりにどかっと当たっていたと思うので正直怖かったですね」

飛んできた鉄パイプは、工事現場の足場に使われる部品で、高速道路上に落ちたものを、前の車がはね上げたとみられている。

トラック、車両からの積載物落下事故は後を絶ちません。この事故は幸い運転者にけががなかったようですがバスや大勢の命を運んでいる車両に当たって、その運転者が負傷すれば大惨事になったところです。特に高速道路などでは落下物の危険は計り知れません。落とさないための方法を確実に実施する以外なさそうです。また時々停車して、「積み荷の安全性」を確認することも大切です。

○　細かいものは箱などに入れて結束する
○　長いものは中央だけでなく両端を結束してさらにロープで車のボディーへしっかりと結着する
○　いつも緊張器があるとは限らないので、ない時の簡易結束法である「南京縛りやサル掛け縛り」を覚えておいて確実に実行する。農家はこの縛り方で荷を落とさないように運んでいる
○　トラロープは荷縛りに利用しない（作業範囲等の表示用であり、力のかかる用途に使用しないこと）
○　できればボディーシートで荷の全体を覆う

以上のことで防げるはずですので、運転者の責任において実行することです。

こんな荷の落下事故を見たことがあります。

トラックに長尺の資材を満載して走行していました。登り坂道で信号ストップして再発進したとき、資材が大量に後方へ抜け落ちて道路に散在してしまいました。トラックには結束してあったということですが滑りやすい材質です。良く締まっていなかったようで1枚抜けたら次々と抜けて、しまいには大量に落ちたのです。

交通止だけで済んだ事案でしたが、すぐ後ろに車両がいて、フロントガラスを直撃したら死亡事故にもつながりかねません。走行中の荷を落としたら運転者に「大変な責任がある」ことを肝に銘じてください。

資材落下の一例

30 資機材落下事故（重傷）

工事現場から金属製のパイプが落下し男女2人が重軽傷を負った。事故があったのはＪＲ住吉駅のほど近くにある工事現場。16ｍの高さから、鉄パイプが足場にあたりながら路上に落ちてきた。警察によると落下した鉄パイプは長さ約3・7ｍ、重さは14㎏ほどで、女性は頸椎を骨折する重傷、男性は軽いけがをした。現場では建物の外壁の点検のための作業中だったということで、警察は業務上過失致傷の疑いで捜査。

高所からの資機材落下事故は時々報じられています。この事故は16ｍの高さからの14㎏もある鉄パイプ落下とのこと。死亡事故であってもおかしくない破壊力です。高さが16ｍあれば小さなボルトやナットでもヘルメットを貫通した例があります。物が加速度をつけて落下することは非常に危険な事故です。

足場に不要なものを置かない

写真のように足場に余計なものがあると、通り歩きの振動などで落ちることがあるので、置かないのが鉄則です。ただどうしても作業上置かなければならない資機材があるときは「箱に入れる」「長物は結束しておく」など工夫すれば落ちることはありません。また、小さな工具など落とさないため、足場上には幅木が義務づけられていますが、隙間だらけの状態がよく見られます。点検して回ることが何よりでしょう。

また、万一落ちても人に当たらない工夫が最も大切になります。上下作業は元々禁止です。

それと、「作業エリアの設定」を行うことが必要です。工事に関係のない人が巻き込まれる事故、つまり「第三者災害」は起きると大変です。それには歩道と工事区域が重なる場合は必ず「占用許可」を取って進入禁止にしておくべきです。この事故のように、特に上下の関係はなおざりになりがちですので気をつけなければなりません。

31 土砂崩れ事故（死亡）

大阪府の工事現場で、土砂崩れが起きたと119番があった。工事関係者４人が巻き込まれ、２人が生き埋めになった。救出されたが、40歳台の男性が死亡した。

消防によると、工事現場の斜面が崩れ、２階建ての建物内に土砂が流入し、中にいた作業員らが巻き込まれたという。


建物内で土砂崩れに巻き込まれる例は珍しいと思います。傾斜地で建物密集地なのでしょうか、外構工事などのときは崩れ防止の矢板などが打ち込めればよいのですが、密接状態や斜面の状態では無理な場合もあります。しかし何か工夫が必要です。安全帯もかける場所がないとよくいわれますが、ないのは確かでもその効果が期待できる他の工夫をしないだけではないでしょうか？

筆者は土砂崩れの現場によく出会いました。共通する原因は次のようなところです。

何も予兆がなく急に起こることは滅多にありません。

土砂崩れの前兆にはこんなことがよくあるのです。例えば夜中の静まった時、「ピーン」というような小さな音が聞こえることがあります。ほんとに小さな音なのですが夜中の静寂の中であれば聞こえるかもしれません。これは木の根が動いている土砂などに引っ張られて耐えきれなくなった時の切断音です。絹糸が切れる音ともいわれています。それから、普段何も濡れていない地面が濡れて水がしみだしている…等です。

つまり、こんな予兆を見逃してはいけません。職長教育ではよく話していますが、要するに職長の責務の一つである「先取りの安全管理」でもあるのです。周囲の住民や関係者に聞き取りに回れば何かつかめることが多いのです。この事故の場合「職長の責務」はどのように認識していたのかが気がかりです。

色々な事故を見てきて思うことは、やはり「職長」が当日作業前の「KY」をどのように実施したのかが要になるようです。地滑りや雪崩、何かの崩壊など「ことが起こる前の予兆」を見逃さないことと、もう一つ、作業員の適正配置を心がけてほしいと思います。これからもこの大切さを訴えていきたいと思います。適正配置のポイントは、

①　その作業の教育がなされているか。特に危険作業に指定されている特別教育
②　作業員一人ひとりの能力・技量を考慮しているか
③　高齢者への配慮、適正配置はなされているか
④　顔色、言動から体調の良否を見ているか

近年、作業員の高齢化が進む中、特に「高齢者への適正配置」が叫ばれています。体力的には劣ってきても長い経験で貴重なノウハウを持っています。そこを生かせるのが「職長」の腕の見せ所だと思います。

詳しくは中央労働災害防止協会の『職長の安全衛生テキスト』に解説されており、参考になります。

32 ガス爆発（死亡）

福島県の飲食店でガス爆発、1人死亡、18人重軽傷。店内で内装工事中に何らかの原因で爆発事故が発生し、建物は全壊。原因はLPガスが漏れたものとして調査中。

ガス漏れ事故は時々起こっていますが、このような重大事故は防がなければなりません。まずガスの種類から見てみましょう。

ＬＰガスということは比重が空気より1・56倍重いので床に溜まります。飲食店という構造は厨房などに油・汚水分離槽があって、床面（ＧＬ）より低い箇所があるはずです。漏れたらまずその部分に充満して、あふれた分は床面ということになり、一般的な建物より多くのガス溜まりがあって、その量からして爆発威力は大きいのです。

またＬＰガスは元来無臭なので、漏れたとき異臭を感じるように「玉ねぎの腐った臭い」が添加されています。人間が臭気を感じる鼻の位置が1・6ｍくらいですから、床面から1ｍくらい溜まっていても感じないことがあるかもしれません。

もうひとつの危険要因は、冷蔵庫や冷凍庫です。一般的にこれらの設備は床面に設置されています。そして自動的に温度調節回路がオン・オフを繰り返して火花を発生しているものがあります（ソリッドステート型や防爆型は除く）。これが引火原因となるのです。次にガス漏れ自体の原因ですが、店内改装工事中ということで、配管そのものも工事対象であった場合、その取扱いも慎重にしなければなりません。

例えば、建物構造物、特に間仕切りなどをいじった時は、配管のサポートなどを外さなければなりません。その際にねじ込み部分の亀裂やゆるみ等、職種の違う大工さんでは見落としがあるかもしれません。工事に関わらないとしても配管業の専門家の立ち合いが必要でしょう。このように関連部門の「ホウ・レン・ソウ」が大切なことになります。これも職長の技量ということになります。

なお、都市ガスの場合は、主成分のメタンガスの比重が０・５５前後です。したがって空気より軽いので上部に溜まります。漏れた時、高窓など開けてやれば出ていきます。ただし、天井などに火花の発生源があるとこれも危険です。例えば空気拡散用の扇風機、高い位置の換気扇などは要注意です。

33 火災事故（死亡）

静岡の東名高速道高架橋工事で塗装工事中に火災。1人死亡、2人重傷。

塗装工事中の火災は、工事規模にもよりますが広範囲になりがちです。最近は水性塗料も結構使われていますが、火災の危険がある有機溶剤塗料がまだまだ主流でしょう。主な危険性を見ていきましょう。

① 着火源
② 混在作業
③ 警戒区域
④ 危険物取扱資格

まず①着火源です。

塗装屋さんは自分では火花の出る作業は同時にしません。他の業種の作業、特に溶接・溶断や鉄筋切断の高速カッターなど火花の出る作業はたくさんありますが、ここで安全作業責任者の登場となります。通常「安責者」と呼ばれ、現場代理人がよく兼務しています。また特定の職長が兼務する場合もあります。この職責は簡単にいうと「混在作業の作業振り割」でそれぞれの業種の時間差作業指示などが主な内容です。言い換えれば、異種の業種で同時に行うと危険性がある作業を、時間調整を図って指示することなのです（②）。とっても大切な指示事項です。これを守らなければこのような火災発生事故となってしまいます。

もう一つ大切なことがあります。それは③の「警戒区域の設定」です。第三者がタバコなどを吸って近づいてくると大変です。きちんと火災危険の表示を掲げて、余裕を持った進入禁止設定をしなければなりません。

最後に④資格の問題です。

有機溶剤は危険性に応じて第1種から第3種まで多種多様で数十種類あります。中でも塗装によく使われる塗料用シンナーには、溶解力が高く、乾燥性が高いことが特徴の、芳香族炭化水素系（トルエン、キシレンなど）やエステル（酢酸エチル、酢酸ブチルなど）が入っています。特にトルエンは常温で揮発性が高く、引火性が非常に強く消防法による危険物（危険物第4類第1石油類）に指定されており、工事現場でも指定数量200リットルの5分の1以上（40リットル以上200リットル未満）は火災予防条例によって消防本部へ届け出て、それなりの設備が整った維持管理が必要なのです（詳しくは消防関連ホームページ）。

ところが現場では、すぐに使われてその数量は少なくなるとはいえ、ブルーシートなどをかぶせて大量に無頓着に保管されているのを見かけたことがあります。塗料に含有されている危険量はそれぞれ違うので、容器に貼ってある注意事項をよく守っての安全管理が大切です。

工事火災は小さな火でも大災害になることがあり、大きな危険性を潜在していることを認識しなければなりません。万一に備え、大規模な塗装関連作業の現場には「10型以上の粉末系消火器」を備えることをお勧めします。

34 製造ライン挟まれ事故（死亡）

滋賀県の工場で製造ラインに頭を挟まれ男性社員が死亡。

機械に挟まれるという事故は様々な原因があります。

①　服装が乱れていた場合
②　機械そのものに異常があった場合
③　心因的な原因で「ぼやっ」としていた場合

など様々です。

まず、①から見てみましょう。

どんな作業でもその作業に見合った服装というのがあるはずです。例えば、「とび職」は高所での危険性のため、ズボンは立ち座りに容易な広めの仕様になっています。工場製造ラインであれば機械の回転が予想されますので巻き込まれる危険のない「袖締り、すそ締り」のよい仕様が必要です。ただそんな仕様でも、ボタンが外れていたり、ポケットからタオルなどが出ていたりしたら危険です。それと、回転物には手袋は危険です。手を持っていかれたら体全体も挟まれる危険があるのです。消防隊員は回転物操作には自分のサイズにぴったり合った「鹿の皮」でできた人間の皮膚のような手袋を使います。これなら巻き込まれはありません。少し高価ですが必要な時には選んでほしいと思います。

作業開始前にお互い相対して服装チェックをし合うことが大切です。

②はどうでしょうか？　これも様々な要因があって一概にはいえませんが、異常な状態を早期に発見することが重要です。職長教育の中で「異常の早期発見」は事故防止のキーポイントとして強調されています。つまり職長は現場の標準状態を知っているはずですので異音、異臭など五感を使っていち早く察知してほしい

のこ車ラバー部分の切り粉を清掃していたところ…
ドライバー
軍手
ウェス
回転させていた
軍手がのこ車に巻き込まれ右手人差し指を切断した

のです。つまり現場を見回らなければできないのです。自分の仕事だけに没頭してはならないということでもあります。

③心因的な原因はちょっと厄介です。一番多いのは強い心配事やケンカの後でしょうか？朝、奥さんとケンカして出かけ、作業所の機械を操作中に大工さんが自分の手に四角い穴をあけてしまった例もあります。他の事に強く気を取られている時、普段では考えられない行動をすることがあります。つまりヒューマンエラーという厄介な代物です。やはり家庭でも、職場でも、普段から良い人間関係を心がけるのが最良のヒューマンエラー防止だと思います。これも職長教育で強調されているのです。

35

伐採事故（死亡）

北海道で伐採作業中、倒れた木の下敷きとなり男性作業員が死亡。

伐採作業は事故が多い業種です。立ち木になっている状態ではあまり感じないのですが、樹木は玉切りしてみればその重さに圧倒されます。ものすごいエネルギーを潜在しています。はねられたら人間などひとたまりもありません。最近は便利な伐木専用機械があって安全に作業ができますが、山奥など入れないところでは使えないので人力になります。

伐採作業の基本は次のようになっています。

① 伐採木の重心や方向性を見極める
② 退避方向の地面が整備されているか
③ つるや隣接木の枝が絡んでいないか
④ 見張り役が機能しているか、合図は決めてあるか

⑤　チェーンソーの取り扱い資格があるか

最低でもこの5項目ですがまだまだ注意事項はたくさんあります。

まず、①倒す方向を決めなければなりません。これは一筋縄にはいかず経験や勘が大いに必要です。熟練者に教わることも必要でしょう。

②倒す方向の足元が整備されていないと逃げることが困難です。途中で転んで下敷きになることがあります。下草は確実に刈り取る、軟弱地面は板などで養生をする、飛び降りるような段差がないことなど整備が必要です。

③つるがらみが一番の危険性です。つるがあると、倒したい方向に倒れずに退避しようとする方向に倒れることがあるのです。「しまった」と思っても退避方向以外は藪だらけ、思うように走れません。大変危険です。つるは事前に取り払うことが肝心ですが、何しろ高い位置、そう簡単なことではありません。

④伐木近くでは危険性がよく見えないことが多々あります。少し離れた（樹高の2倍）位置に見張り役をつけるのがいいでしょう。遠くからだと見えてくるものがあります。そして確実に合図できる装備（無線機、笛など）が必要です。相手からのアンサーがあって初めて危険伝達が完了なのです。

面倒くさいようですがなおざりにしないことです。

⑤チェーンソーの取り扱い資格ですが、令和2年8月から安全衛生規則が改正になって、現在有資格であっても補講を受講しなければならなくなりました。大口径、小口径とありますので詳しくは林業関連ホームページで確認してください。

回転切削道具のなかで一番危険と言われるチェーンソーです。危険性を熟知して作業に当たらなければなりません。チェーンソーで切った傷は単に「切ったというよりアサリ[注]での挫滅創」といって、ぐじゃぐじゃに削り落とされたような傷なので治癒が非常に遅くなります。またその間に雑菌で侵されて痛みも続き、治療が大変になるのです。切創箇所は下半身が多いので保護衣を着用してください(下肢の切創防止保護衣の着用義務化)。

(注) アサリ［歯振］…のこぎりの歯の先端を、一歯ごとに左右に開くこと。また、その広がり。挽き道の幅を広げて、のこ身の摩擦を少なくしたり、おがくずを出やすいようにしたりする。

…見えてきた、一筋の光…

お読みいただきましてありがとうございます。「こんなこと」が少し見えてきました。一つでも二つでも事故・けがを防ぐため、どうか「こんなこと」を心に留めてください。

本書の事例の中にもありますが、「法律に抵触しなければ安全」という認識もあるようです。法律は確かに「安全の方向に作用する決めごと」ですが、最低基準でもあるのです。「本当の安全」とはどうも別の何かの中にあるようです。

教育という言葉はあまり好みませんが「職長教育や特別教育」では、事故災害を完全になくすことは不可能かもしれません。「知識」だけでは不安全だと思います。詰め込めば入ります。でも「知恵」は安全に限りなく近づけることができると思うのです。

それぞれの現場で、それぞれの立場で、それぞれの作業で。

その「知恵」を、知識から学び取って生かしてほしいと思います。

二度とこのような事故がないように…。

明日の作業もどうかご安全に！

【参考文献等】

労働新聞社『安全法令ダイジェスト』『安全スタッフ』
中央労働災害防止協会『職長の安全衛生テキスト』
建設業労働災害防止協会『建設業における酸素欠乏症等の予防（特別教育テキスト）』

【著者略歴】

藤田　英男（ふじた　ひでお）

昭和23年6月、新潟県糸魚川市生れ。

昭和42年4月　新潟県糸魚川市消防本部、消防吏員。救急隊、救助隊、危険物安全管理＆火災予防担当、勤続42年、消防室室長、満60歳定年退職。

平成22年、新潟県糸魚川市、１８０人規模建設会社、専任安全管理者6年間勤務。

通算、48年間の安全管理業務経験を生かそうと、平成28年、ＲＳＴ糸魚川（職長教育・特別教育専門事務所）開所、現在に至る。

免許等：大型運転免許、甲種消防設備士第4類乙種第6類、危険物取扱者乙種第4類、第2級陸上特殊無線技士、RST職長教育講師、小型移動式クレーン、玉掛技能、ガス溶接技能、熱中症予防指導員

趣　味：アマチュア無線〈JAØCAB〉免許周波数 1.9MHz～249GHz、無線機器、マイクロ波、ミリ波機器自作、測定器ジャンク漁り、日本赤十字社新潟県支部、糸西無線赤十字奉仕団事務局長

〈近刊著書〉

・令和2年4月30日『元レスキュー隊員がみた事故災害から考える職長の安全な職場づくり』㈱労働新聞社

・令和2年5月30日　小説『玉子』（前編）㈱風詠社

元レスキュー隊員がみた最近の労災事故

2021年8月30日初版

著　　者　藤田 英男
発 行 所　株式会社労働新聞社
〒173-0022　東京都板橋区仲町 29-9
TEL：03-5926-6888（出版）　03-3956-3151（代表）
FAX：03-5926-3180（出版）　03-3956-1611（代表）
https://www.rodo.co.jp　pub@rodo.co.jp
表紙デザイン　オムロプリント株式会社
表紙イラスト　阿部 モノ
印　　刷　株式会社ビーワイエス

ISBN 978-4-89761-868-5

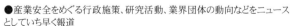

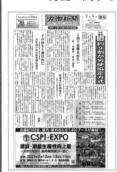